国際バカロレアとこれからの大学入試改革

International Baccalaureate

知を創造するアクティブ・ラーニング

福田誠治
Fukuta Seiji

亜紀書房

はじめに

「日本人にはわかるまい。同質性に、重点を置いているのだから。同じものを大量に作っていたころは、日本人は世界の権威であったし、われわれは同質性をすばらしい才能だと誤解していた。だが、今の世界は、同じものが大量に求められているのではない。すべての人が違うものを求める世界においては、――すべての人に「そのニーズと特殊な事情に応じて」ぴったりと合うものを作る技術にかけては――アメリカがぬきんでている」(1)（インテル副社長エイブラム・ミラー）

今、日本の教育は明治維新と同じくらいの激動期にある。欧米よりは四半世紀遅れたが、グローバリズムに動かされて教育改革という流れの向きは定まっている。国民を造るという日本近代化100年の教育制度は、国境を越えるグローバル時代には合わなくなりつつあるからだ。この動きは止められない。

現在の中学1年生が高校を卒業する時点、2020年には大学入試は切り替わる。それに合わせて、学習指導要領も、教員免許・教員養成制度も転換される。探究型の学び、いわゆるアクティブ・ラーニング、イノベイティブでクリエイティブな学び、地域の教材などを用いて一人ひとりの生徒に合わせて適切な指示と支援ができる教師へと変わっていく。

社会心理学研究者のレオン・マン（Leon Mann）は、「野心的なシンデレラの姉たちが失望を自覚したように、あるサイズの靴が誰も皆に合うわけではない[2]」と面白いたとえを引いている。1920年代に運動が起きた国際新教育の合い言葉では、「子ども中心主義」とか「なすことで学ぶ」というものが有名だが、「足に靴を合わせるように、学校に子どもを合わせるのではなく、子どもに学校を合わせるのだ」とも言われていた。日本、あるいは東アジアの国々からすると違和感のあるこの教育方法は、欧米社会ではとけこみやすいものであるようだ。

世界の小中学校を取材した河添恵子によると、授業スタイル、学習方法は大枠で2タイプに分かれると表現されている。

「一つは『百点満点』を頂点に、答えは一つで暗記型、知識重視の授業を中心に行っている国（学校）と、『ゼロからがスタート』が基本で、答えは必ずしも一つではない、思考型、創造型の授業スタイルの国（学校）だ」

ただし、両極端に分かれるのではなく、「どちらの傾向がより強い」という言い方が正しいと、彼女は指摘する。

「中国、シンガポールなどのアジアの多くの小中学校は前者（百点満点型）の傾向が強く、欧米豪は後者（ゼロ思考型）の傾向が強い。加えると、百点満点型タイプの授業は教科書が中心で先生の話が概して長く、ゼロ思考型タイプはプリントを多用し、先生がコーディネーター役で、生徒の発言を中心に授業が進んでいく[3]」

学ぶ姿勢についても、

「百点知識型タイプの国（学校）は宿題やテストが多く、教科書を中心に進めるため予習復習も必要で、成績も競い合う傾向が強い。一方のゼロ思考型は、学校、クラス、個人のランキングが出たとしても、『個の尊重』が基本のせいか、さほど気にしていなかったりする」[4]

そして、シンガポールでは、「詰め込み型は小中学校の段階では効果はあるが、創造性や好奇心が損なわれる」と判断され、シンガポール政府は2005年前後から「いわゆる偏差値的な学力重視から、教育の質の向上に指針を変えようと動き出している」と彼女は指摘する[5]。

これらの背景にはグローバル化と、それに対応する教育の在り方の模索がある。その際に参考になるのが国際学校の在り方である。

国際学校（インターナショナル・スクール）は、発足当初は本国を離れて国際機関に勤務することになった家庭の子どもたちの教育を行った。目指すは、進歩主義教育（ジョン・デューイの経験主義・プラグマティズムを理論的支柱とした、18世紀米国に起きた教育改革運動）であった。

国際学校の拡大は、第二次世界大戦後に訪れた、冷戦の産物である。西側の政治エリートを、旧植民地の国々も含め各国から選抜して養成する機関として発展した。ここで、かつての帝国主義時代の宗主国と植民地との間で、教育というつながりが進展する。その教育モデルは、「英国のパブリック・スクールの伝統」[6]であった。しかし、教育カリキュラムは、西欧の伝統的な教養教育を基盤としながらも、国際理解と地球平和（global peace）、地球の環境保全など国境を越える人間育成を課題とした。

最近では、この国際学校の教育は、国内公立学校の教育プログラムとしても評価され、移民を含む多様な文化状況にある北米の公立学校で、英語で授業を行い、大学に進学できる質のよいアカデミックな授業を提供するものとして発展した。現在では、経済のグローバルな展開によって、また情報などの英語支配を背景にして、国際的な経済人育成の教育モデルとして注目されている。

しかし、日本のほとんどの学校はこの動きに巻き込まれることはなかった。英語からも植民地主義からも無縁であったためである。だが、それでも、グローバル化は進んでいくのである。

今から20年以上も前のこと、1992年の5月、グローバル化の実態を探っていたジャーナリストのトーマス・フリードマンは、愛知県にあるトヨタの工場を訪ねた。高級車レクサスを毎日300台、66人の人間と310台のロボットが組み立てていた。「人間のすることはといえば、ほとんど品質管理だけのようだった」[7]という。ここから世界に高級車が輸出される。その晩、新幹線の中で寿司を食べながら『ヘラルド・トリビューン紙』を広げると、中東パレスチナ難民のイスラエル帰還をめぐる記事が目に飛び込んでくる。先進国に住む何百万という人は、物質的向上と近代化への模索を続け、「グローバル化システムの特徴である新しい市場とテクノロジーへのアクセス」を「経済ツール[8]」として使うことができる。グローバリズムは敵味方の区別なく、国境も文化も越えて、輝かしい単一の価値を世界に広げていく。だが同時に、もう半分の世界では土地・文化・民族の象徴であるオリーブの木の所有権をめぐって争っているというのだ。確かに伝統には価値がある。だが、たとえ古い価値を守ろうとしても、たとえ逆流の渦があちこちで起きたにしても、「地球はフラットになり」、グローバル化は避けられないというのがトーマス・フリードマンの指摘である。人間の意識はそう簡単には変わらない。だが、納得できるかいなかに関わらず、グローバル化は確実に進んでいく。

●今なぜ国際バカロレアなのか

日本でしか通用しない偏差値、学力テスト、学歴、就職対策、そのようなものが大きく組み変わる時代は、この日本でもすぐ目前に迫っている。それは、グローバルな経済競争の中で、新しい能力、新しい学力が注目されているからにほかならない。

学校教育に関わる根本的で明確な変化は、国際的には30年前から起きていた。ピーター・ドラッカー（Peter Ferdinand Drucker）が、初めて「知識経済（knowledge economy）」の到来を予測し、知識を基盤とする経済を動かす人々のことを「知識労働者（knowledge worker）[9]」と呼んだのは１９６９年の書物であった。

１９７０年代のオイルショック以後、世界の製造業は大きく変化した。製造業は、企画、設計、販売などを本国に残しながら、製造工場を国外に移すようになった。今日では、それらも国外に展開する多国製企業が一般的になっている。

１９９５年のＷＴＯ（世界貿易機関）の成立は、知的財産や学校教育も知的サービスとして貿易の対象にされた。それだけでなく、最大の転換は、金融の自由化を認めたことにある。その後、この20年の間に世界経済の仕組みの組み替えが行われ、学校教育制度を変えながら、とりわけ大学を大きく再編しながら、先進国は、知識を伝えることから知識を生み出すことに教育の力点を移している。教育のルールブックが「国民形成」から「個人の能力形成」に、つまり「学校の平均点」から「一人ひとり違う多様な能力評価」に、また「正解を伝達する授業」から「考え探究する授業」へと変わったのである。先進諸国のこの転換が、日本の教育研究分野でも教育現場でもほとんど理解されていない。どうにか変わったとすれば、日本では２００６年1月に文科省が「ＰＩＳＡ型読解力」を学校教育に導入して、全教科で習得した知識を言語で説明し表現する教育に切り替えたことだろう。

近年、国際教育で注目されている国際バカロレア（ＩＢ）は、ヨーロッパ諸国における一部のエリートのための受験カリキュラムをより拡大する方向で、いわば受験競争型の教育を人生のための学びへと改革する動きだった。その動きは１９６０年代という国際的なカリキュラム改革期に生じ、１９７０年に本格的に実施に移された。国際バカロレア・カリキュラムの全体構造は１９９０年代に明文化されることになるが、そのような教育は欧米地域ではそれほど奇異なものではなかった。

国際バカロレア・カリキュラムは、米国では高品質の学校教育だと考えられている。国際バカロレアを導入した学校では高学力が育てられると考えられているのである。そのために、社会的に学力格差、いわゆる学力の二極化が起きていると指摘されている。しかし、日本で言われるような、同じ尺度で測った点数の二極化という捉え方ではない。米国では、「クリエイティブ・クラス」[10]の出現として受け止められている。つまり、決められた知識・技能を習得しそれをトップダウンで決められたように繰り返す人間と、学んだ知識や技能をその場に合うように作り替えて使い、新しいものを生み出していける人間との異なる質に二極化されているというのである。それならば、質のよい教育を、国際バカロレア校で手に入れようと動くのも自然の成り行きである。

そうなると、国際教育には深刻な問題が生じる。国際学校の生徒たち「サード・カルチャー・キッズ」は「クリエイティブ・クラス」に取って代わられる。多文化と格闘し国際性を追求してきた国際学校は、グローバル・スタンダードというモノ・カルチャー的な学力保証を求められるようになる。国際理解と地球平和（global peace）、環境保全を課題とする国際人の育成は、いつしか教育目的から退き、グローバルに移動する、「国際コミュニティ[11]」の担い手たる有能なグローバルエリート（ワールドクラス）の教育へと実態が変化してしまうことになる。

「国際バカロレア」はヨーロッパ仕様の国際標準カリキュラムであるが、「探究型の学習（inquiry based learning）」で成り立っており、まず教科のはっきりしない授業から学校教育が始まる。「子どもたちはこれまでの大人が想像できなかったような未来の世界に生きる」という姿勢で、インターナショナルスクールは動き始めている。このような教育観は、正解を伝達・分配することを目的とするのではなく、知識を自ら学ぶという構成主義の教育哲学に基づいている。すなわち、知識や技能というものは、自ら学ぼうとする者が、探究し、理解し、評価し、それを使いながら社会的に確かめ、自分のものとして獲得していくものである。それゆえに、知識や技能は多様な形で表現されるので、画一的で単純な測定方法では測りえない。教師は、生徒の学びを整理したり、方向付けたりする支援者となる。この構成主義は、北欧諸国の学びとして国家規模で実現されてきたものだが、今日では、EUやOECD（経済協力開発機構）、さらに、先進国よりは開発途上国の教育に大きな影響力をもつWorld Bankの教育姿勢ともなっている。しかし、このような教育は、日本の小・中・高校ではなじみのないものである。

私立学校は高額な授業料で質のよい教育を実現していると、一般には考えられている。今日の米国では、公的資金を投入して公立学校にIBカリキュラムを導入し、貧困な階層からも難関大学に進学できる生徒を育成しようとしているように見える。いわば、「学力の質を高める」教育プログラムとしてIBカリキュラムが考えられているということである。

さて、日本も、グローバル教育の世界標準が形成されていくと、生徒の学びを支援するような学校教育を無視できなくなる。その意味で、国際バカロレア・カリキュラムは伝統的な日本の教育を大きく変える可能性を持っている。その場合、結論を無条件に受け入れるよりは、世界標準の形成に積極的に関わって、これまで培ってきた日本の教育のよさを継続できるように働きかける方が日本の教育関係者には意味があると思われる。

筆者は、この10年間、フィンランド教育を日本に紹介してきた。彼の地では、「社会構成主義」が知的行為の原則とされていて、詰め込み教育は否定されている。つまり、子どもたち一人ひとりが社会と関わりながら知識や技能を探究して獲得していく。そのために、一人ひとりの知識や技能が異なるのは当然のことであり、それを比べたり、点数を付けて競争したりしないのである。一人ひとり異なる子どもたちを支援するのであるから、教師の仕事もまた一人ひとり異なるので、どちらの先生がよりよいのか判断はつかない。ようやく、他人と比べるテストらしいテストを初めて受けるのは、国際バカロレアと同じ、高校の2年間である。しかも、このテスト時間は、1日1教科、1教科に5、6時間かける記述式である。最後の競争に勝つためには途中で競争してはいけない、といった方が日本人には納得されるのかもしれない。

長年にわたって若者の失業問題に取り組んできた国際的な経済機構ＯＥＣＤは、教育の目的は学び続ける個人を育てることであり、生徒は自分の人生を自覚して意欲的に学ぶべきことを唱えている。ＯＥＣＤが依拠するグローバリズムの見方からすると、学校はいまだ開放されておらず、日本の学習指導要領や検定教科書、あるいはセンター入試などの独占的教育システムは貿易障壁、国家規制以外の何物でもない。

農産物や医薬品、あるいは介護労働者の国際的な開放の圧力は、いずれ、学校教育にも押し寄せ、国際標準に合わせて教員養成や教員採用まで国家独自の障壁は取り除かれることになるだろう。留学、TOEFL、TOEIC、インターナショナル・スクールといった形で、この傾向はすでに始まっている。「そんなことは、国民誰にも可能なのか」「経済的に豊かな人にしか約束されないのではないか」という疑問がわいてくるだろう。それは、本書では詳しく扱えないのだが、社会全体に普及するためには、生涯学習制度、構成主義、福祉社会の3点セットが必要だと思われる。3点を言い換えると、「いつでもどこでも学べるので競争しなくてもよい」「人それぞれ違う考えをし知識も違う」「自己責任を社会が支え誰もが人生の敗者にはならない」というようなことだろう。日本人は、工夫してハイブリッドを作ることと、チームワークで物事を成し遂げることがうまい。絶対神に導かれる宗教同士の先鋭な対立からは一定の距離もとれる。日本人がコミュニケーション力を付け、異質集団をまとめる社会性が備われば、今まさに世界的な出番が期待されるだろう。

大学入試制度の変更など、日本の教育をガラパゴスから脱出させる試みは、もう始まっている。国際バカロレア・カリキュラムのような国際学校の教育が問題を抱えていることを自覚しながら、われわれはガラパゴス化を避けるように日本の教育を動かしていかなくてはならない。国際バカロレアは、日本が豊かな先進国として生きていく姿勢があるのかどうかを問いかけている。

「この惑星（日本のこと）には英語だけがない」とテレビコマーシャルで揶揄された日本であるが、われわれは日本語の壁に守られて孤立した労働市場を維持してきた。グローバル化が進めば、その壁は英語によって壊されるはずだが、同時にまた切り離しがたい形で「考える力」を育成する教育に変わっていくはずである。「ツールとしての英語」という発想は、ネイティブの物まねではなく、日本の文化を基盤にしてこれまでの英語圏にはない考えまで英語で表現し、交流するという力である。今日本の教育は、そこに踏み込もうとしている。

ア・カリキュラムの作成が開始される＊国際バカロレア・カリキュラムの確立＊教科をつなぐ理論を埋め込む＊セーブル国際会議＊ヨーロッパと北米の違い＊国際バカロレア機構設立＊国際バカロレアの米国内受け入れ＊国際バカロレアの本試験＊出発時点での国際バカロレアの特徴＊ユネスコ主催「カリキュラム開発と評価のセミナー」＊職業科目の拡大＊国際バカロレア・カリキュラムの手直し＊ＩＢ組織の維持への努力と北米における急速な拡大＊１９８０年代の教育政策との関わり＊米国の高大接続・単位認定制度＊知の理論を評価に取り込む＊国際学校から国内学校へ＊グローバリズムと国際バカロレア＊二重単位、高大接続と国際バカロレア＊知識基盤経済論＊新学力観＊国際バカロレアの変質＊急成長＊国際学校のカリキュラム事情＊現代の課題＊ＩＢ機構の再編成＊フラットな地球＊イノベーティブでクリエイティブ―コンピテンス・モデルのカリキュラム＊国際バカロレア学校向けの国際テスト＊国際バカロレア40周年＊国際バカロレア・カリキュラムの実施状況

第3章　知識基盤経済に適応したＩＢカリキュラム　127

ＩＢの学年＊国際バカロレアの教授言語＊国際バカロレアの教育目的＊国際バカロレア学習者像について＊ＩＢの教育方法

第1章　大学入試はどう変わるか

今ほとんどの日本人が知らないうちに、「高大（高校と大学）接続」という課題を切り口に、学校教育の内容と方法を根本的に変える大きな議論が進んでいる。しかも、関連委員会は、２０１５（平成27）年3月5日、4月23日、6月18日、7月13日、8月5日、8月27日といった具合に急ピッチで進んでいて、9月15日には高大接続システム改革会議『中間まとめ』が公表されている。公開されている資料(1)を基に、改革の姿を整理してお知らせしたい。さらに世界の動きと重ね合わせて、日本はどこに向かおうとしているのかをお伝えしたい。

●3段階のテストとして実施される

日本政府は、大学入試を「高等学校基礎学力テスト」「大学入学希望者学力評価テスト」「大学入学者選抜」の3段階に変えようとしている。

高等学校基礎学力テストは、高等学校の卒業「資格」にあたり、学校で習った教科の知識や技能を幅広く測るものになる。

大学入学希望者学力評価テストは、大学入学希望者のみが受験し、大学入学の「資格」があるかどうかを測るものとなる。現在考えられているのは、教科の枠を越えた実践的な能力、いわゆるコンピテンスを測るものである。

最後に大学が独自に志願者から入学者を選抜することになる。これは、特定の学部・学科で学ぶ内容にふさわしい準備ができているかどうか、すなわちアドミッションポリシーに一致するかどうかをチェックするものである。

表1－1　入試関連改革年表

2015（H27）年度	2016（H28）	2017（H29）	2018（H30）	2019（H31）	2020（H32）	2021（H33）	2022（H34）	2023（H35）	2024（H36）	2025（H37）	2026（H38）	2027（H39）
現中1生が	→	→	→	高2の時、基礎学力テスト	高3の時、希望者学力評価テスト							
		学習指導要領改定	新学習指導要領周知	新学習指導要領に基づく教科書作成・採択・供給			新学習指導要領実施（新学力に基づく授業）					
国立大学第2期中期目標（終了）	国立大学第3期中期目標（大学再編、教員養成・人文社会系の整理）		（新学力に対応できる教員養成）				国立大学第4期中期目標（新学力に基づく授業）					

いつから実施されるか。それは、２０１５（平成27）年現在の中学1年生が高校2年生になった時（２０１９年）から高等学校基礎学力テストが、高校3年生になる時（２０２０年）から大学入学希望者学力評価テストが開始される。記述式問題では、最初は短文からスタートし、4～6年後（２０２４～２０２６年）には長文に転換されて新試験制度は完成する予定である。

●高等学校基礎学力テストとは

高等学校基礎学力テストは、これまで学校で行ってきたような教科の試験になる。

文科省の説明では、「生徒が、自らの高等学校教育における学習の到達度の把握及び自らの学力を客観的に提示することができるようにし、それらを通じて生徒の学習意欲の喚起、学習の改善を図る」とされている。つまり、将来の進学や就職に必要な分野の知識や技能が備わっているかどうかを見ることになる。テスト内容は、特に「知識・技能」の確実な習得を見るものとなる。当初の説明では、「国語総合」「数学Ⅰ」「世界史」「現代社会」「物理基礎」「コミュケーション英語Ⅰ」等の高校の必履修科目とされた。2015年6月の新聞報道では、国語、数学、英語の3教科とするとされた。

回答方式は、多肢選択方式が原則で、記述式の導入が目指される。ちょうど、小中学校で実施されている全国学力・学習状況調査、いわゆる全国学力テストのA問題とB問題の高校版と見てよい。

成績評価は、各自の正答率と共に、段階で表示される。段階は、10段階以上が想定されている。高校2年生と3年生を対象に年2回程度実施する。

●大学入学希望者学力評価テストとは

文科省の説明では、「『確かな学力』のうち『知識・技能』を単独で評価するのではなく、『知識・技能』を活用して、自ら課題を発見し、その解決に向けて探究し成果等を表現するために必要な思考力・判断力・表現力等の能力（『思考力・判断力・表現力』）を中心に評価」するものとしている。

テスト内容は、「教科型」、教科横断的な「合科型」、教科を越えた「総合型」の問題が組み合わされるという。回答方式は、多肢選択方式だけでなく記述式が導入される。開始当初は短文だが、ヨーロッパ型の長文にすることも考えられている。文科省の説明では、「知識・技能を活用して、自ら課題を発見し、その解決に向けて探究し成果等を表現するための力を評価する」もので、OECDの国際学力調査PISA（ピザ）の問題がモデルと見なされている。

成績評価は、段階別に表示される。

このテストは、大胆な構想のもとにある。教科横断的な学力、教科を越えた学力を測るもので、大学で学び続けることができる力も測る。しかも「学校―大学―職場を一貫する知力」いわゆるコンピテンスをも測るものになる。これを育てる立場に立てば、大学入試改革は、学習指導要領、教員免許制度に波及せざるをえず、三位一体の改革になる。

測定されるコンピテンスは、教科の枠を残すとすれば、地歴の場合には「歴史的思考力」というようなくくりで出題されることになる。その場合でも、高校の教科にはないテスト領域として「情報活用力」に関するテストが加わる。

たとえば、教科の枠をほぼ残さない例として、2015（平成27）年3月5日に開催された高大接続システム改革会議に配布された資料3－2の中の「『合科型・科目型』『総合型』について」というページには以下の6領域の思考力・表現力・判断力が提起されていた。
(1) 読解力、要約力、表現力、コミュニケーション力等を含む「言語」に関する思考力、表現力、判断力。
(2) 統計的思考力、論理的思考力、図やグラフを描いたりする力等を含む「数」に関する思考力、表現力、判断力。
(3) モデルを作って説明する力、計画を立てる力、抽象化する力、大ざっぱに推定する力等を含む

「科学」に関する思考力、表現力、判断力。

(4) 合理的思考力、歴史や社会の問題を特定し、議論の焦点を定める力、矛盾点をあらわにする力等を含む「社会」に関する思考力、表現力、判断力。

(5) 答えのない問題に答えを見出す力、問題の構造を定義する力、問題解決の道筋を文脈に応じて定める力等を含む「問題発見・解決力」。

(6) 情報を収集する力、情報を整理する力、情報を表現する力、情報を的確に伝達する力等を含む「情報活用力」。

話はここまで進んだのだが、その後、出題領域は科目ごとに設定されることに文科省の関連会議の結論が落ち着いたようだ。ただし、解答様式は短い記述式からヨーロッパ型の長文記述式に変えていく見通しである。

ヨーロッパでは、アカデミックな大学（university、研究大学）と職業系の大学（university college、専門職大学、ポリテクニーク）に分かれる。研究大学は、一般に5年制であるが、ボローニャ・プロセス（欧州共通の高等教育における学位認定の質と水準を定めたもの）で学士（3年）と修士（2年）に区切られた。大学入学希望者学力評価テストに相当するのは、ヨーロッパでは中等教育資格修了試験（GCSE、バカロレア、アビトゥーアなど）である。この試験に合格することが、アカデミックな大学に入学するための必要条件である。出題内容は、アカデミックな教科ごとに論文形式で答えるもので、数時間かけるのが普通である。

日本では、大学が研究を前提にする大学と実学を主体にする大学とが混在している状況なので、コンピテンスを測定する方がより適応度が高いと考えられる。文科省の説明では、大学入学希望者学力評価テストは「大学で学ぶ力を確認したいものは、社会人等を含め、誰でも受験可能」とあるので、世紀の大構想となる。

●点数から段階評価に転換

これまでのテストは同一課題を解いて、解答の得点で受験生を順序づける方式であった。実は問題の出し方、得点の配分によって、結果は異なってくるのである。だが、日本では、同じ条件で行われた競争は公平だと考えられている。逆に、競争は同じ条件で行われないと不平等だ、いわば「不正」「いかさま」だという意識が強い。そのために、一斉に画一的な試験を行うほかなかった。数十万人、百万人という規模で同一問題を解くとなると、確保できる時間は限られ、能力の多様な受験生全員に意味ある出題領域もまた限られることになり、限定された条件の中で順位が付けられ、結果的に1点刻みの得点で入試結果が決まった。しかも、この方法だと、「公平性」は同一試験内部でしか保障されない。つまり、別の試験問題と別の採点基準になれば得点は多少変動し、試験結果は異なるかもしれないということである。

そこで、提起されているのがCBT－IRTという方式である。項目反応理論（Item Response Theory: IRT）に基づいて統計処理されたテストだという。評価段階別に異なる課題を与え、その課題がクリアできれば評価される能力の段階が特定される。

文科省の関連委員会で紹介された例は、視力検査（図1－1）だった。IRT方式だと、この視力検査のようにどの大きさが安定的に見えるかを測る。合計点方式だと、いくつ見えたかを測るわけである。視力を測る場合、どれが見えるかが重要で、いくつ見えるかはそれほど重要ではない。全部見せて100点

図１－１　視力検査表

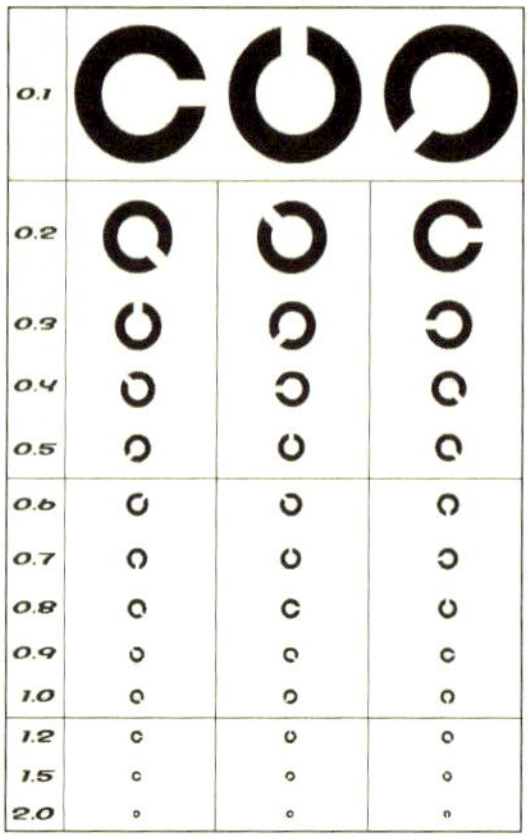

満点で採点する必要はないということだ。

能力評価としてのＩＲＴ方式は、すでにいくつか定着している例がある。最も大がかりなものは、欧州評議会が開発した「ヨーロッパ言語共通参照枠（Common European Framework of Reference for Language: CEFR）、セファール」である。欧州評議会は、もともと冷戦構造の中で難民対策として言語問題を扱い始めたが、その後移民差別対策に移り、移動労働者の就職対策として言語問題を重視してきた。「ヨーロッパ言語共通参照枠」は20年以上にわたる実践と研究の後、２００１年に公開された。現在では、38言語に適用されている。表１－２は、ブリティッシュ・カウンシル（英国の国際文化交流機関）が作成した「ヨーロッパ言語共通参照枠（ＣＥＦＲ）」「ＴＯＥＦＬ ＩＢＴ」「英語力検定試験」の対照表である。

ＩＲＴの長所は、到達度評価なので、指定された段階にあれば、特別な試験準備をしなくてすむことである。たとえば、現在のセンター入試では、センター入試の得点で志望校が決まるという心理が働き、大学が独自に二次試験を設定していてもそれは有名無実化する。つまり、センター入試の後で測

表1－2　言語能力段階対照表

ヨーロッパ言語共通参照枠		TOEFL IBT	英検
C2	聞いたり読んだりした、ほぼすべてのものを容易に理解することができる。いろいろな話し言葉や書き言葉から得た情報をまとめ、根拠も論点も一貫した方法で再構築できる。自然に、流暢かつ正確に自己表現ができる。		
C1	いろいろな種類の高度な内容のかなり長い文章を理解して、含意を把握できる。言葉を探しているという印象を与えずに、流暢に、また自然に自己表現ができる。社会生活を営むため、また学問上や職業上の目的で、言葉を柔軟かつ効果的に用いることができる。複雑な話題について明確で、しっかりとした構成の、詳細な文章を作ることができる。	110-120	1級
B2	自分の専門分野の技術的な議論も含めて、抽象的な話題でも具体的な話題でも、複雑な文章の主要な内容を理解できる。母語話者とはお互いに緊張しないで普通にやり取りができるくらい流暢かつ自然である。幅広い話題について、明確で詳細な文章を作ることができる。	87-109	準1級
B1	仕事、学校、娯楽などで普段出合うような身近な話題について、標準的な話し方であれば、主要な点を理解できる。その言葉が話されている地域にいる時に起こりそうな、たいていの事態に対処することができる。身近な話題や個人的に関心のある話題について、筋の通った簡単な文章を作ることができる。	57-86	2級
A2	ごく基本的な個人情報や家族情報、買い物、地元の地理、仕事など、直接的関係がある領域に関しては、文やよく使われる表現が理解できる。簡単で日常的な範囲なら、身近で日常の事柄について、単純で直接的な情報交換に応じることができる。	40-56	準2級
A1	具体的な欲求を満足させるための、よく使われる日常的表現と基本的な言い回しは理解し、用いることができる。自分や他人を紹介することができ、住んでいるところや、誰と知り合いであるか、持ち物などの個人的情報について、質問をしたり、答えたりすることができる。もし、相手がゆっくり、はっきりと話して、助けが得られるならば、簡単なやり取りをすることができる。		3級、4級

ブリティッシュ・カウンシルのホームページより。

(http://www.britishcouncil.jp/sites/britishcouncil.jp/files/jiao_cai_nonan_yi_du_tocefrying_yu_li_jian_ding_shi_yan__0.pdf)

られる能力にはまず目がいかない社会的な仕組みができ上がってしまうのである。

●コンピュータ利用試験

コンピュータ利用テスト（Computer Based Testing: CBT）は、課題文の管理と配布、解答の即時回収、大量の問題の一斉処理と秘密保持が容易になる。そうすれば、異なるテスト問題でも比較可能で、複数回受験できるということになる。

コンピュータ利用試験は、動画や音声、図表などさまざまなデータを使用でき、出題内容の幅が広がる。そのために、測定できる能力が広がる。

回答がワープロ入力になれば、機械的に採点できる部分もあれば、文章題を遠距離の採点者が異なる時刻に採点することも可能になる。

ＩＲＴをＣＢＴが活かすことができる。受験生個人のレベルに合わせた「適応型テスト」を実施することができる。たとえば、課題をクリヤして先に進むソフトを組めば、同一時間内に個々の受験生の能力に合わせて異なる難易度の出題を提供することができる。

ＩＲＴ－ＣＢＴテストは、テスト問題は再利用するために非公開を原則とすると説明されている。また、ＩＲＴテストは、評価段階を特定するテストなので、異なるテスト問題でも比較可能となり、複数回受験できる、継続的・経年的な学力評価が可能になる。

コンピュータ利用テストの例としてＰＩＳＡ２０１２の問題解決力の例題を見てみよう。この例題は、インターネット上で公開されているので容易に体験できる。(3)

図1－2　PISA2012問題解決例題「おそうじロボット」

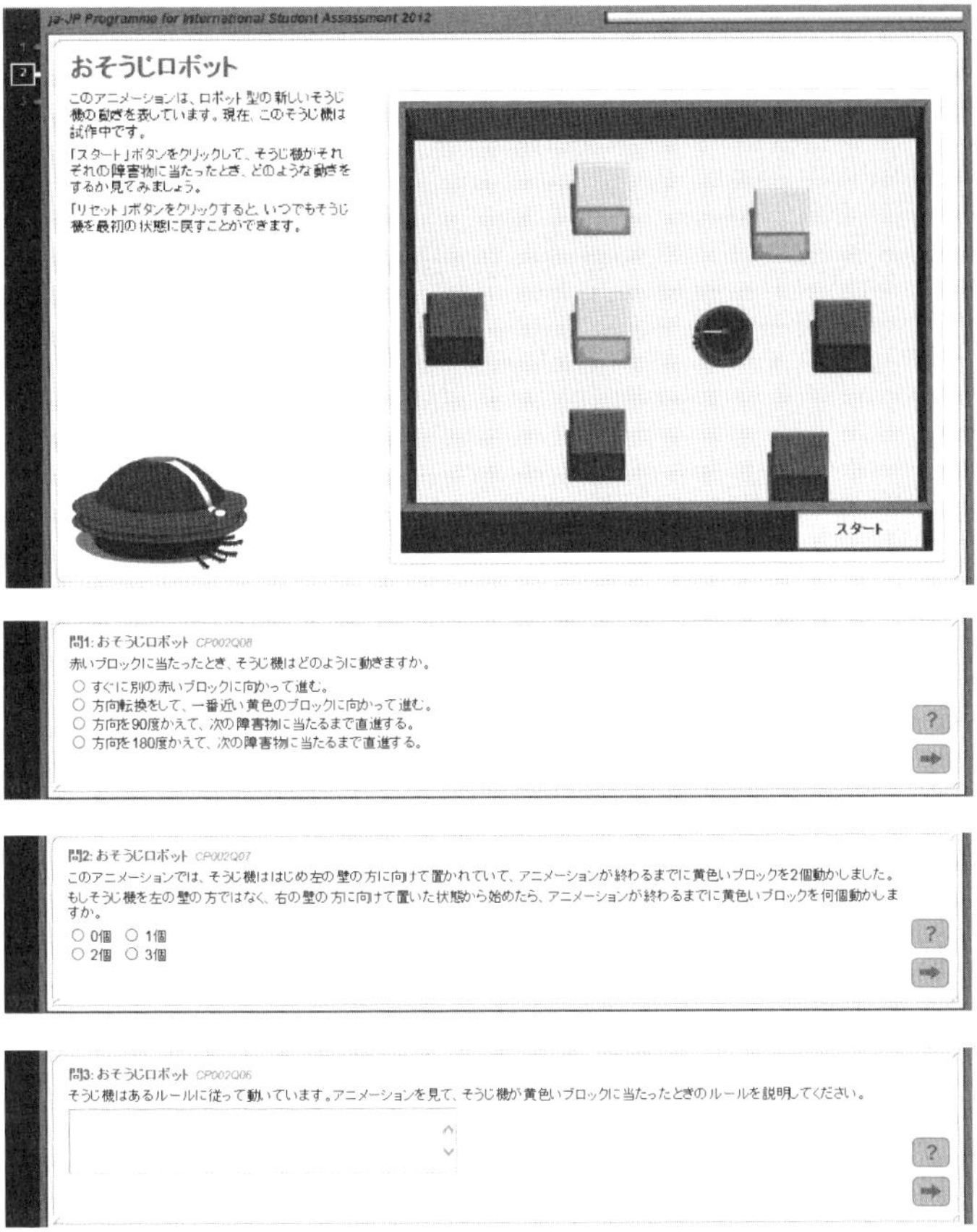

「おそうじロボット」は、スタートをクリックするとロボットが動き出す。黄色い箱にぶつかった時と赤い箱にぶつかった時では、その後の動きが異なる。このルールを読み取る問題である。問1は「赤いブロックに当たったとき、そうじ機はどのように動きますか」で、4つの選択肢になっている。問2は「このアニメーションでは、そうじ機ははじめ左の壁の方に向けて置かれていて、アニメ

図1－3　PISA2012問題解決例題「道路地図」

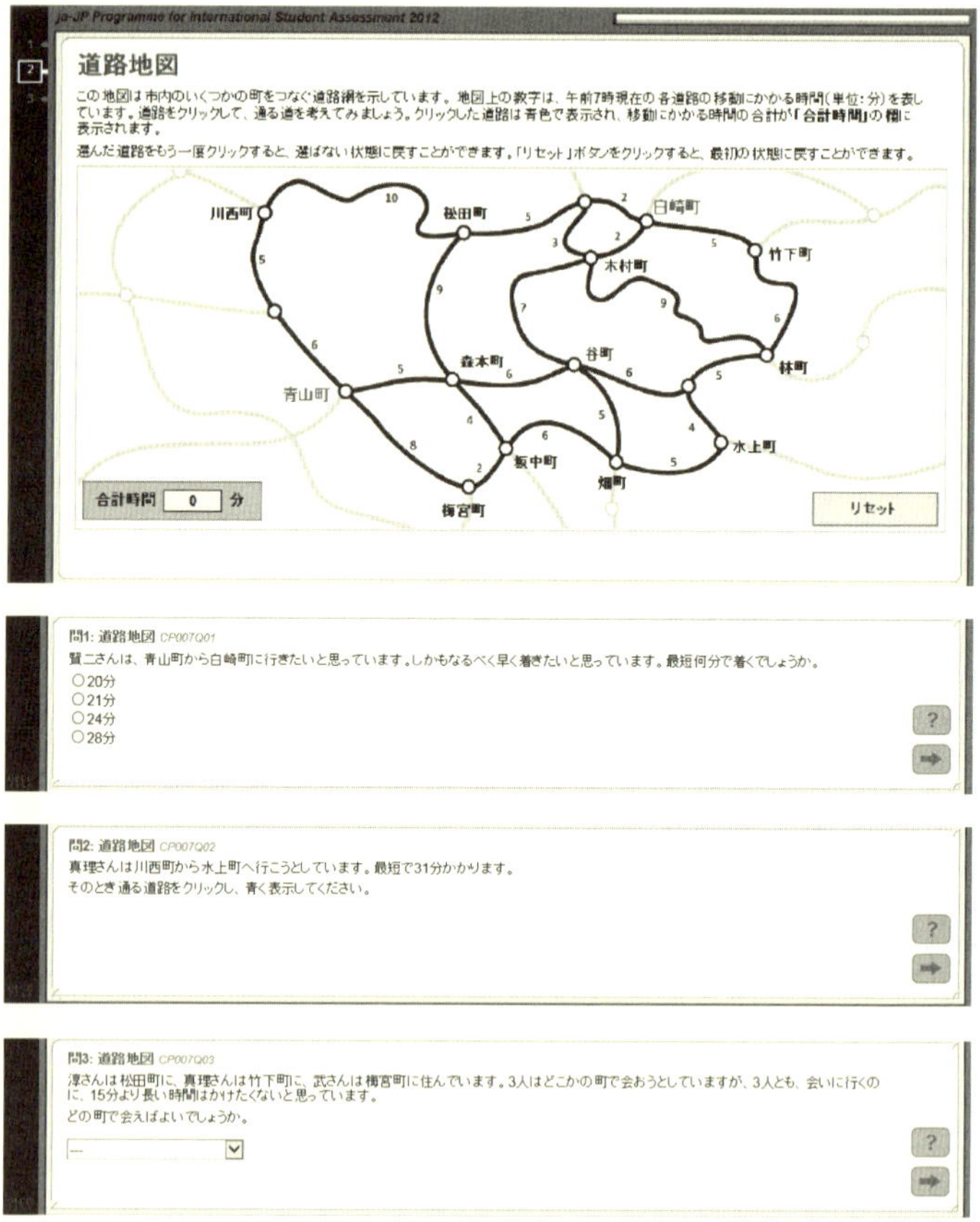

ーションが終わるまでに黄色いブロックを2個動かしました。もしそうじ機を左の壁の方ではなく、右の壁の方に向けて置いた状態から始めたら、アニメーションが終わるまでに黄色いブロックを何個動かしますか」で、4つの選択肢になっている。問3は、「そうじ機はあるルールに従って動いています。アニメーションを見て、そうじ機が黄色いブロックに当たったときのルールを説明してくださ

図1－4　PISA2012問題解決例題「エアコン」

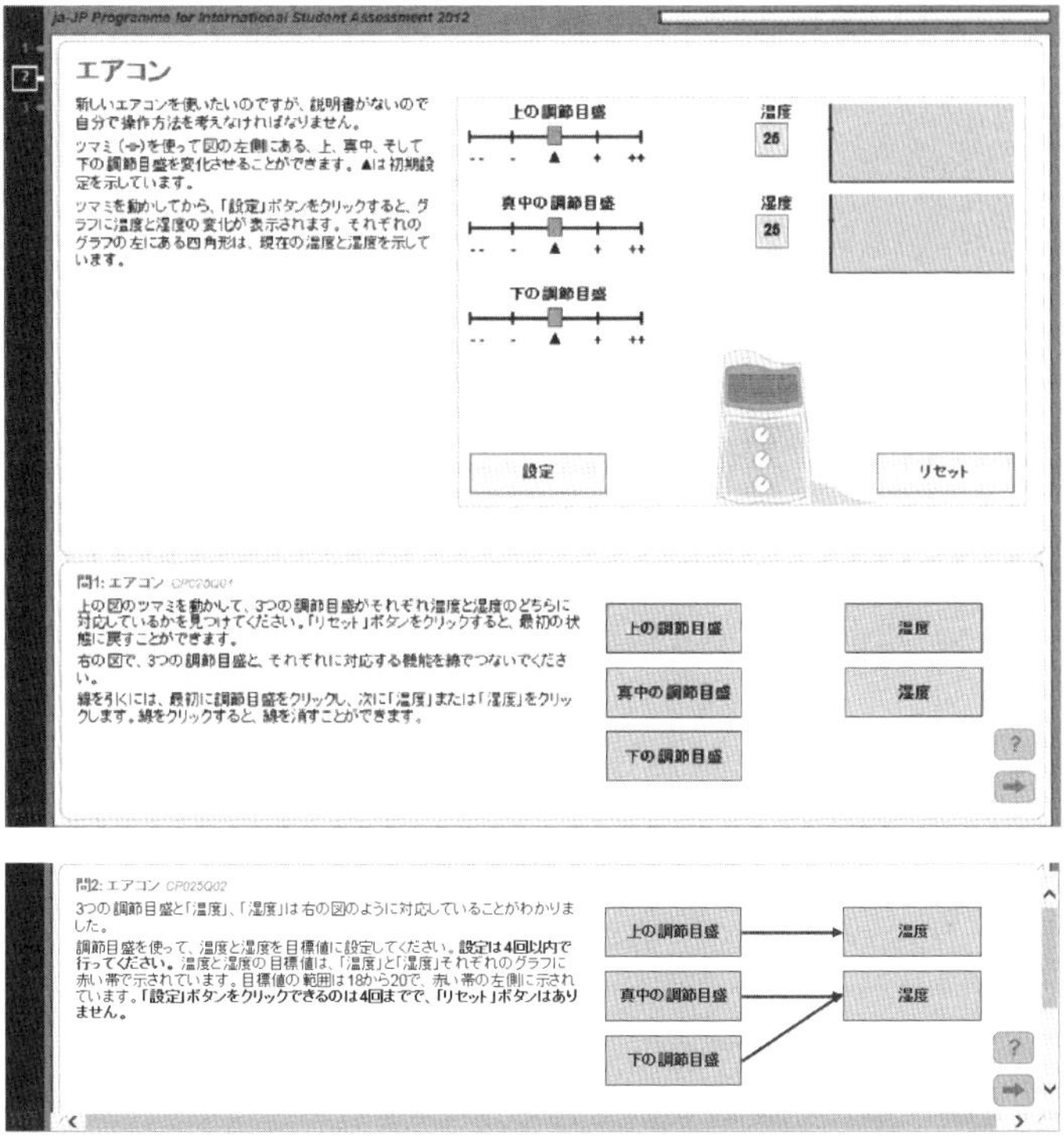

い」で、これの解答は自由記述式になっている。

　なお、この「おそうじロボット」は、2015（平成27）年3月5日に開催された高大接続システム改革会議に配布された参考資料3に収録されている。

「道路地図」は16カ所の地点を結ぶ道路を組み合わせて移動する場合、その組み合わせ方と所要時間を問う問題である。道路を選択すると所要時間が表示され、複数の道路を選択すると所要時間が合計される仕組みになっている。

「エアコン」は、リモコンに温度と湿度の調節ボタンがあるが、ボタンの名称表示が消えてしまって分からなくなっている。試行錯誤

図１－５　PISA2012問題解決例題「切符」

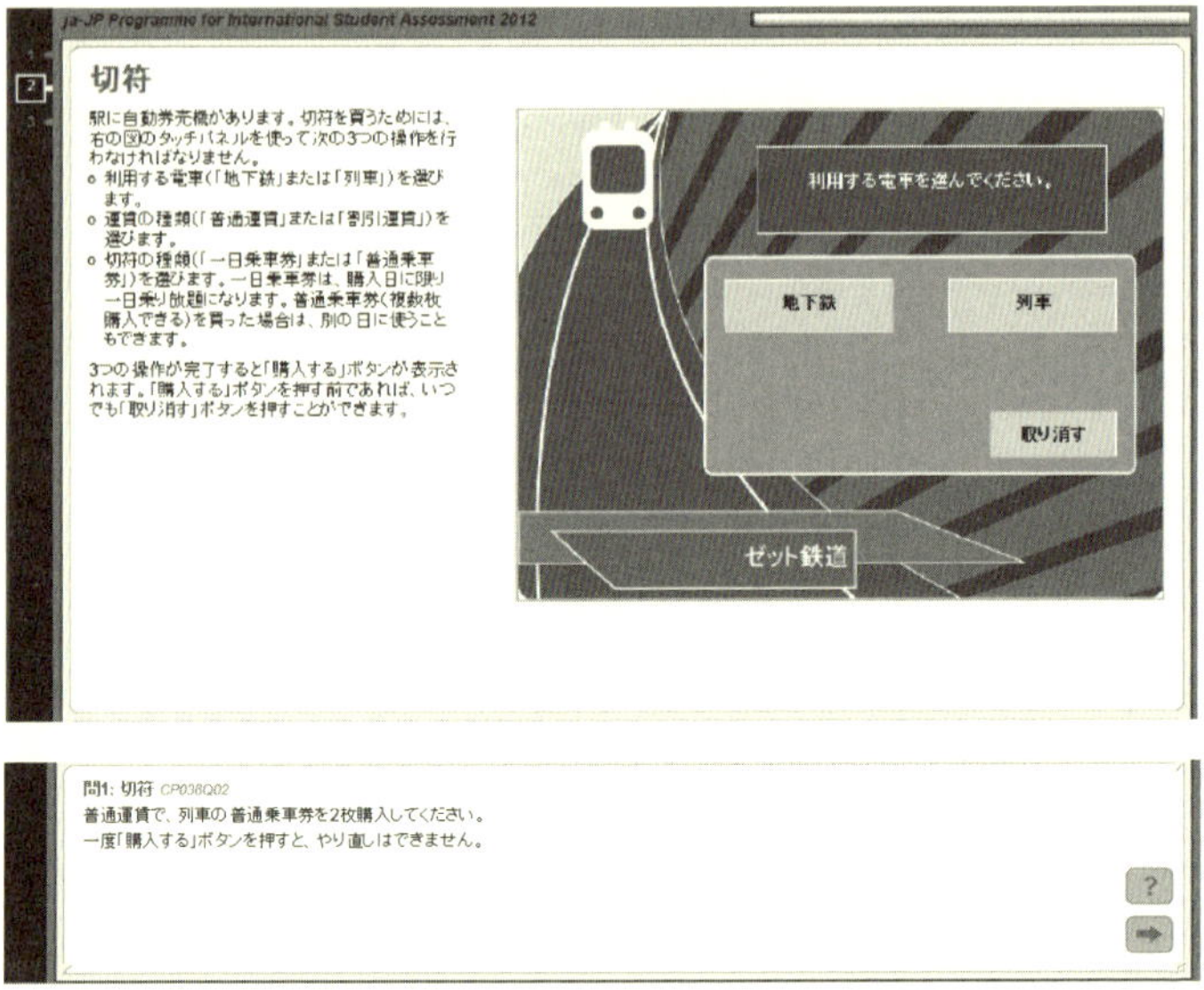

しながらそれぞれのボタンの機能を突き止めて、必要な設定を行うという課題である。

「切符」は、必要な操作をしながら指定された枚数の切符を買うというものである。

ＯＥＣＤの国際学力調査ＰＩＳＡも、ＩＲＴを前提にして作問され、得点分布がコントロールされている。レベル設定と得点とを関係づけて統計処理する方法は、20年近く用いられてきている。たとえば、15歳児（日本では高校1年生が7月に受験）に対する２０１２年のコンピュータ利用調査では、表１－３のようにまとめられている。

●個々の大学への応募

文科省は、「一般入試、推薦入試、ＡＯ（出願者の個性や適性に対して多面的な評価を行う）入試の区分を廃止」と明記している。これからの大学入試は、「高等学校基礎学力テスト」と「大

表1—3　問題解決能力に関するPISA設問と習熟度レベル

習熟度レベル	各レベルにいる生徒の特徴の一例	出題の難易度
レベル6以上 (683点~)	多様な問題状況の文脈において、思考の中で完全で理路整然としたメンタルモデルを展開し、複雑な問題を効果的に解決することができる。複雑で柔軟性のある、複数の手順をもつ計画を作成し、その計画の実行に際し継続して観察し、結論に到達することができる。	(701点) おそうじロボット 問3（完全正答）
レベル5 (618点~)	複雑な問題状況を体系的に探究し、関連する情報がどのように組み立てられているかを理解することができる。予期せぬ困難を発見した場合、速やかに計画を変更するか、元に戻ることができる。	(672点) エアコン 問2（完全正答） (638点) 切符 問2（完全正答）
レベル4 (553点~)	やや複雑な問題状況を集中的に探究することができる。問題解決に必要な、状況の構成要素間の関係を理解する。観察結果によって、計画を修正し、あるいは再び目標を定め直すことが常にできる。	(592点) エアコン 問2（部分正答） (579点) 切符 問3 (559点) おそうじロボット 問2
レベル3 (488点~)	いくつかの異なる形式で提示される情報を処理することができる。問題状況を探究し、構成要素の単純な関係を推論することができる。前もって計画することや進展を観察することの必要性を理解し、必要があれば異なる方法を試してみることができる。	(523点) エアコン 問1（完全正答） (492点) エアコン 問1（部分正答） (490点) おそうじロボット 問1
レベル2 (423点~)	なじみのない問題状況を探究し、その一部を理解することができる。下位目標に達するための、一度にひとつの手順を計画･実行し、解決へと至る過程をある程度は観察することができる。	(453点) 切符 問2（部分正答） (446点) 道路地図 問2
レベル1 (358点~)	限られた方法で問題状況を探究することができるが、それは以前に極めて似た状況を観察している場合である。前もって計画を立てたり、下位目標を設定することができない傾向がある。	(414点) おそうじロボット 問3（部分正答） (408点) 道路地図 問3
レベル1未満		(340点) 道路地図 問1

得点は、その得点の設問が解ける確率が0.62として設定してある。

国立教育政策研究所編著『OECD生徒の学習到達度調査(PISA)2012年問題解決能力調査—国際結果の概要』2014年4月、14ページ。

学入学希望者学力評価テスト」の結果を基に、応募する大学を決め、各大学個別の「大学入学者選抜」を受ける。各大学は、選抜にある程度の時間をかけてじっくりと合格者を選んでいく方式をとるので、大学入試全体が一種の「ＡＯ入試」となっていくと見なせる。

個々の大学の入学者選抜を、点数順ではなく、大学で学ぶ力、学ぶ内容に引きつけて具体化する。つまり、大学入試改革は、高校と大学の教育を変え、職場につながるように日本の学力を変えていこうとすることである。この結果、日本の職場も「世界で通用するものになる」と期待されているのである。

米国では、大学別の入学試験はなく、ＳＡＴ（大学進学適性試験）などの全国統一テストの成績、高校の成績証明書、自己紹介文となる課題論文、高校教員や志願大学卒業者が直接面接した推薦書などを総合的に判定して入学者が決定される。この作業は、通常の学部・学科からは独立したアドミッションオフィスと呼ばれる部署が、数カ月かけて行う。大学教員が加わる場合でも選抜に専念し、授業を行わない。

日本でも、アドミッションポリシーを文科省がコントロールし、現行の点数で序列付ける選抜方法を変更したい意向だ。

●なぜコンピテンスなのか

オーストラリアでは主としてコンピテンシー（competency）と呼び、米国ではコンピテンシーとコンピテンス（competence）が混在するが、ヨーロッパではコンピテンスという用語を使用し英語以外の言語との対応関係を保っている。

コンピテンスへの注目は、職業教育や企業教育で始まっていた。とりわけ看護師の育成、あるいは語学力養成の世界で強まっていた。たとえ高度な知識であろうとも、知識をたくさん詰め込んだだけで使えなくては仕事にならないからだ。

1990年代に知識基盤経済の理論が整備され、生涯学習の制度が整えられるにつれ、にわかにコンピテンスに注目が集まった。「学習する組織」「学習する学校」というタイトルの著書が流行するくらいになってきている。日本的経営は、「知識創造企業(knowledge creating company)」として、最近20年の欧米では再評価されつつある。

大工場の始まりは、フォード方式と呼ばれるように、全体を決められた動作に分業して低コストで大量に製品を造るというものであった。作業の在り方を決めるのはトップであり、それをトップダウンで社員に厳密に守らせて、逸脱しないように管理するというのが企業活動であった。日本の学校では、教科、学年に学力形成が分業化されて、まさにこのフォード方式がいまだに適用されている。

いったんこの方法が確立し、所得水準が上がれば、先進国の「労働集約型の製造業」では工場を労働力の安い国々に移転し、先進国の低技能労働者は失業せざるをえない。こんな議論[(2)]が、1990年代に、国際経済機構であるOECDの中で交わされていた。だとすると、先進国は知識や技能を使いながら新しい知識を生み出していく企業活動に転換しなくてはならない。高度な知識を使いながら生産し、生産しながらさらに高度な知識を生み出していく、突き詰めれば新製品を開発し製品化する能力が先進国の経済的関心の焦点になったのである。

1990年代前半に、オーストラリアでは新しい職場の論理を学校教育まで一貫させようとする動きが起きてきた。各州ごとに独立していた学習指導要領を連邦教育省がコンピテンシーで一貫させることになった。この先進的な試みは「オーストラリア教育研究所（ACER）」によって理論化され、この研究所を中心としたコンソーシアムが1997年にOECDの国際学力調査PISA（ピザ）を落札することになる。国際機関OECDが実施するテストと聞けば、中立で公平な実施機構が設立されると思うのが普通である。しかし、実際は、営利事業として入札にかけられたのである。しかも、時のOECD教育局長はメルボルン大学教授のバリー・マクゴーだった。このマクゴーは、その後、「21世紀スキル」構築にも加わっている。

さらに、オーストラリア連邦政府は、連邦の学校教育を国際バカロレア・カリキュラム側に寄せていき、逆にオーストラリア教育研究所は各国のインターナショナル・スクールに学年テストを提供するという関係が作り上げられている。メルボルン大学は、アジア・太平洋地区では有数の国際バカロレア教員養成大学になっている。別の言い方をすれば、国際バカロレア・カリキュラムは、コンピテンス・ベースの教育を実施し、ヨーロッパ仕様の国際標準カリキュラムを作り上げているということである。

2005年にOECDは「コンピテンシーの定義・選択（DeSeCo）」計画の最終報告書を作成して、「キー・コンピテンシー」を定義づけた。この年、EU欧州委員会・欧州評議会は「ヨーロッパにおける生涯学習のキー・コンピテンス」を確定し、翌2006年には欧州議会と欧州評議会はそれを「ヨーロッパにおける生涯学習のキー・コンピテンス参照枠」として公表した。

先進国の企業活動の在り方は変わってきている。残業も厭わず、粘りと頑張りで労働時間を長くするというコスト削減方法は、クリエイティブな仕事をして研究・開発費を削減する方法へと変わったのである。

旧来の学問をベースにした教科の知識を重視する学校教育、研究力量を身につけるはずの大学教育、高度な知識を使いアイデアを交流する職場、この3者の間にあるギャップを一気に埋める仕掛けが、コンピテンスなのである。

●現場から学力・授業を組み立てる

これまでの学校の授業は、学問を基盤に定められた教科に沿って知識と技能を教えるものであった。この成果は、大学入試までは通用する仕組みになっていたが、社会に通用するかどうかの観点では評価されてこなかった。日本の英語教育を好例として、学校の成績はよかったのに社会では使えないという批判が長年繰り返されてきた。

ちょうど図1－6のように、年齢順に学力が発達し発揮されると捉えるのが普通である。ところが、図1－8のように、この20年くらいの間に、ヨーロッパを舞台に、まったく逆の方向から学力が規定される事態が起きてきた。米国の攻勢により1995年1月1日に「世界貿易機関（WTO）」が発足するが、金融の自由化を促し、知的財産権を設定し、教育も含めてあらゆるサービスを利益行為として商品化しようとする動きであった。1990年代半ばにEUやOECDで明確になる「知識基盤経済論」と「生涯学習制度」が連動して、学校・大学・職場に一貫した能力評価が追求されてきた。その結果、学校と社会を分ける「フロントエンド・モデル」（図1－7）は、鮮やかに崩壊した。つまり、義務教育制度が確立する200年余りの歴史は、成人として社会に出るまでに普通の「学力」を共通に育成することを目的としていた。伝統的教育制度では「社会に出るまでに完成させる学力」、平等な「社会人」「国民」の育成が目標だったのだ。ところがそれは、生涯学習として拡散してしまうのだ。

表1－4　キー・コンピテンシーとキー・コンピテンス（世界標準学力の提起）

OECDのDeSeCo「キー・コンピテンシー」（2005年）	欧州議会・欧州連合理事会「生涯学習に向けたキー・コンピテンス参照枠」（2006年）
①ツールを相互作用的に使用すること 1-A 言語・シンボル・テクストとを相互交流的に使用する 1-B 知識と情報を相互交流的に使用する 1-C 技術を相互交流的に使用する ②異質集団で相互交流すること 2-A 他人とよい関係を持つ 2-B チームを組んで協同し、仕事する 2-C 衝突を管理し解決する ③自律的に行動すること 3-A 大きな状況の中で行動する 3-B 人生設計と個人的計画を作り、実行する 3-C 権利、利害、限界、ニーズを守り、主張する	①母語コミュニケーション ②外国語コミュニケーション ③数学的コンピテンス、科学とテクノロジー分野の基礎コンピテンス ④デジタル・コンピテンス ⑤学び方を学ぶ ⑥社会的・市民的コンピテンス ⑦イニシアチブと起業家のセンス ⑧文化の自覚と表現

DeSeCo. The Definition and Selection of Key Competencies: Executive Summary, final report. DeSeCo, 2005.
Recomendation of the European Parliament and of the Council of 18 December 2006 on key competences for lifelong learning. 2006/962/EC. *Official Journal of the European Union, 30.12.2006, L394/10.*

社会や職場から能力を規定するもっとも進んだ実例が、表1－2の『外国語の学習、教授、評価のためのヨーロッパ言語共通参照枠（CEFR）』である。これは、難民や移住労働者への対策を行ってきた「欧州評議会（Council of Europe）」が20年以上にわたる研究・検証を経て２００１年に公開。現在は38言語に適用されている。現在は、大学の語学の授業も、評価もこの参照枠に沿って行われるようになっている。

ヨーロッパの教育には、もうひとつ、大きな変化がある。それは、「ボローニャ・プロセス」と呼ばれるもので、２００５年あたりに大学教育は激変した。発端は、『ボローニャ宣言』（１９９９年）だったが、後にＥＵの政策として『リスボン戦略』（２０００年）にも取り入れられ、「２０１０年までに、ＥＵを世界でもっとも競争力のある、ダイナミックな知識基盤経済空間とする」と表現された。それ以後、

図１－６　高校卒業から大学入学までの流れ（3段階テスト）

現中１生が高２時に開始 → ① 高等学校基礎学力テスト（全国学力·学習状況調査型）
国語、数学、英語の３教科
高校２、３年生が年２回

現中１生が高３時に開始 → ② 大学入学希望者学力評価テスト（PISA型）
コンピテンスを測定

→ ③ 各大学の個別選抜
アドミッションポリシーに明記
教育カリキュラムに合致

図１－７　フロントエンド·モデルの学校教育制度（社会に巣立つ）

学齢期（児童·生徒）（学校教育） → ‖ 社会人、成人、学生（社会教育）

図１－８　学校·大学·職場に一貫する能力評価（職場から学力が提起される）

（OECD）
国際学力調査（PISA）

（EU）
欧州高等教育圏（EHEA）
欧州統一単位（ECTS）

（欧州評議会）
ヨーロッパの言語力評価
ヨーロッパ言語共通参照枠（CEFR）

学校（学び続ける力） ← 大学（学士力） ← 社会、職場で使える力（キー·コンピテンス参照枠、キー·コンピテンシー）

→ 一貫して評価される能力（生涯学習）、教育投資環境（インフラ）整備の完了

「欧州高等教育圏（ＥＨＥＡ）」と「欧州単位互換制度（ＥＣＴＳ）」を構築して学生や研究者を流動化させること、そのために域内大学に共通の欧州統一単位（ＥＣＴＳ）を設定することにした。つまり、これまで科目名は個々の大学が決め、成績評価は個々の教員がつけていたのだが、国際標準化される傾向にある。そのため、授業構成や評価の権限が個々の教員から社会的な統一基準に移行する現象が起きている。

●今後の課題は何か

考え方を学ぶとか、疑問を持ってよく考えるとか、他人と上手に交流して全体をうまくまとめるとか、親や教師は子育てや学校教育の中で何

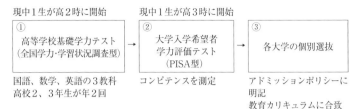

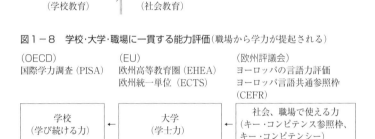

気なくそれを教えてきた。教科の知識や技能は教科書や教材、問題集という形で目に見えるようになっており、いわゆるカリキュラムができ上がっている。ところが、それと並行して、何気なく教えてきた別のカリキュラムが現実には存在する。それを教育学では「隠れたカリキュラム（hidden curriculum）」と呼んでいる。これを「可視化」「見える化」しようというのが、コンピテンスの測定なのである。「あいつは頭がいい」という評価を分解して、「何ができるから頭がいい」というコンピテンスを取り出す。そして、このコンピテンスを、個々にあるいは組み合わせて育成できる教育活動を法則化しようというのが、現在の課題になっている。

大学では「学士力」が注目され、その育成にはアクティブ・ラーニングが有効であるという流れが作り出されている。フィンランドでは小・中学校ですでに3割の授業がワークショップ型、いわゆる探究型授業、アクティブ・ラーニングになっている。２０１６年に始まる新学習指導要領では、これをさらに拡大する方針である。国際バカロレアでは、概念を優先させる方法、「知の理論（Theory of Knowledge）」、課題論文、社会活動、10の「学習者像（learner profile IB）」、さらに評価のルーブリック（項目別進度表）という仕掛けが緻密に作られている。考える授業を歴史的に振り返れば、日本においても水道方式とか極地方式、作文教育・綴り方教育などといった授業方法も提起されてきた。では、現代の日本には何が必要か。

日本政府や日本の経済界が課題としているものは、第一に労働力人口の減少である。生産年齢人口は２０１３年に約８０００万人あったものが２０６０年には約４０００万人へと半減する。ところが、日本人一人ひとりの労働者の生産性は下がり続けていて、２０１２年段階ではＧ７の中では最下位になってしまった。同時に、１９９３年には世界第２位であった一人当たりのＧＤＰが２０１２年には第10位に後退している。そのため、日本人一人ひとりの労働者の生産性を上げるために、これまでの伝統的な教科の学力とは異なった新しい能力観が必要になっていると日本の政財界は判断したものと思われる。

日本政府は、いわゆる「二足わらじ型」の学力を追求していくことになるだろう。すなわち、①教科の学力、従来の知識・技能重視ではあるが、応用力をより重視することと、②教科横断的な、あるいは教科を越えたコンピテンス、とりわけ大学では学士力という形で職場に直結する力を確立する、というものだ。従来、人格形成の分野にあった特別活動なども使いながら、教科を総合する活用的能力に注目し、国際標準の尺度に合わせて意識的にコンピテンスを育成する教育に変えていかざるをえない。今、日本はここに立っている。

だが、これは、先進国の産業を維持し、高い生活水準を守ろうとして、20年前にOECDが格闘した地平でもある。古いバブルの夢を吹っ切ったのか、それとも新しいバブルを期待するからか、いずれにしても日本の教育界はやっとグローバルな教育課題にたどり着いたということになる。

第2章　国際バカロレアの歴史

「われわれは、試験志向カリキュラム（examination-oriented curriculum）の伝統があまりにも強くてそれを崩すことができないでいる。そのため、われわれは試験制度改革から解決していこうと決意したのだろう。それは、カリキュラムや教育方法により根本的な批判を加えて、新しいカリキュラムのニーズに応えられる試験制度を考案しようとしているということなのだ」[1]（アレック・ピーターソン）

誰がなぜ国際バカロレアという仕組みを試みたのかという歴史を詳しく見ていこう。それを知ることは、日本はどこをなぜ変えなければならないかを考えることにつながり、かつ国際バカロレアに不足する点を見抜くことにもなる。

国際バカロレアの歴史は、アレック・ピーターソン（Aleck Peterson）という魅力的な教育学者の周りで展開していく。アレック・ピーターソンは、１９６０年代に、「オックスフォード大学教育学部長、国際カレッジ連合（ＵＷＣ）支援者、国際学校試験連盟の指導者」[2]という重要な位置にあった。しかも、彼は、教育実践者かつ教育研究者であって、理論と実践の両方を把握できたことと、一人の人物が教科全体、教科横断的な能力形成を企画して、学校教育に総合性・全体性を付与したことは、今日の教育制度の運用からするときわめてまれなことであって、それゆえに、国際バカロレアのシステムには実に魅力的な彩りが添えられている。

●バカロレアとは

フランスのバカロレアは、表２－１のように歴史が古く、１８０８年３月７日に、「大学の格付けとそ

表2－1　フランス・バカロレアの歴史

1808年	バカロレア創設、口頭試問のみ。
1821	自然科学バカロレア新設。人文系と自然科学系の２系列となった。
1830	ペーパー・テスト導入。フランス語作文か古典語の翻訳。
1840	ラテン語作文
1853	現代外国語試験が導入される。
1864	哲学小論文が追加。
1902	試験タイプや所見に関わらず、バカロレアに合格した者全員に同等の権利が与えられる。
1921	科目別バカロレア（一般バカロレア）新設
1946	産業技術分野が新設
1953	経済技術分野が新設
1969	技術バカロレアが新設
1986	職業バカロレアが新設

Françoise Martin-van der Haegen and Michèle Deane. The French baccalaureates. In Graham Phillips and Tim Pound (eds) *The Baccalaureate: A Model for Curriculum Reform*, London: Kogan Page, 2003, 80. などから作成

れを達成する手段」のひとつとして創設され、翌１８０９年から実施された。試験科目は、ギリシャ語・ラテン語文献、修辞学、歴史、地理、哲学であった。時の皇帝は、ナポレオン・ボナパルト（Napoleon Bonaparte）である。

１８０９年に実施された最初のバカロレアによって、31人が合格し、文学、科学、医学、法学、論理学の分野で学士（bachelier）となって、大学入学もしくは受験資格が認められることになった。

その後、フランスのバカロレアは、試験の種類が多様化されてゆっくりと変化した。

さらに、受験生数でも大きく変化し、生徒全員を測定し、国全体の学力向上を目的にするような性格へと変化した。１９６０年から１９８０年にかけて、ようやく中等教育の４年生で受験し、前期中等教育の効果を見るものとして位置づけられた。１９８９年の『教育基本法』では、バカロレア合格者を各世代の８割にすることが明記され、社会主義政権の教

図2－1　同一年齢に占めるフランス・バカロレアの合格者割合

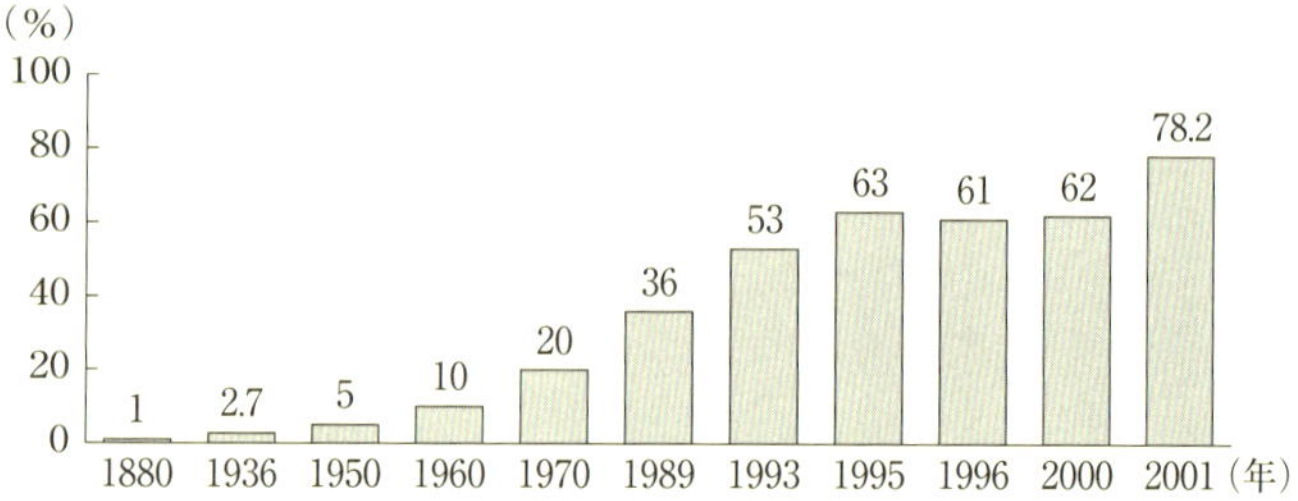

Françoise Martin-van der Haegen and Michèle Deane. The French baccalaureates. In Graham Phillips and Tim Pound (eds) *The Baccalaureate: A Model for Curriculum Reform*, London: Kogan Page, 2003, 79.

育大臣であるジャンピエール・シュベーヌマン（Jean-Pierre Chevènement）が合格率80％を1990年代の教育政策目標にした。図2－1のように、バカロレアの合格率は大きく増大している。

このように、フランスのバカロレアは、教育の質を追求するにしても平等と民主主義を重視し、それによって社会全体の質の維持を図る手段として用いられてきた。

また、近年は、中学校では「発見学習」、普通科高校では教科横断的な「個人別課題学習（TPE）」が重視され、バカロレアの出題もこれに合わせて変化してきている。

英国においては、バカロレアという名称で、中等教育における学術コースと職業コースの統一が構想されたことがある。これは、1990年頃のことで、労働党政権成立直前にそのシンクタンク（IPPR）が教育政策提案『教育・訓練報告　第1冊（Education and Training Paper No.1）』を作成した際に提案されている。

「知的学修と実践的学修を改善し開放するもっともよい方法は、満18歳段階で統一資格（unified qualification）を創出することにある[3]」

●国際学校の始まり

さて、舞台はスイスのジュネーブである。そこには、1920年に国際連盟本部が開設され、1921年には国際労働機関（ILO）本部が開設された。世界各地から職員が赴任してくる。当然、家族も連れだってやってくる。その子どもたちを受け入れる「ジュネーブ国際学校（Ecolint）」が1924年に開設されることになった。ちなみに、この年、少し遅れて、「横浜インターナショナルスクール（YIS）」が開校している。これが世界で2番目の国際学校と言われている。

国際連盟は第一次世界大戦の反省から作られた組織であるが、同様の意識で1920年頃には国際新教育運動が開始されている。そのスローガンは、国家の子どもではなく、子どものための学校を目指すという「子ども中心主義」であった。ジュネーブ国際学校にもこの原理が貫徹していて、「学校の目的は、新教育運動の進歩主義教育原理に基づいた国際教育を提供することであった(4)」と表現されている。

さて、ジュネーブ国際学校の教師たちは、子どもたちの帰国に備えて大学入試対策に追われることになる。学期試験もまた、この大学入試のタイプに合わせていた。子どものたちの出身校を考慮して、4タイプの国別試験が用意された。すなわち、英国の一般教育修了資格試験（GCE）、米国大学入学単位認定（AP）、フランスのバカロレア、スイスの修了資格試験（matura）である(5)。しかし、生徒も4グループに分けて授業するには非効率で、教師も足りない。そもそも、国際交流をしない国際学校は意味がない。ここに、国境を越えて移動する次世代の人間のための「共通の教育制度」の構築が始まる。ジュネーブ国際学校の教師たちは、移動能力を備えていて、2、3言語を当然のこととし、国、文化、民族、人種の壁を乗り越えていた人たちであったので、それが可能となった。

さて、当面の関心は、ドイツのアビトゥーア（Abitur）、スイスのマトゥーラ（matura）など、中等教育修了資格試験の対策であった。１９２５年のこと、最初の国際学校卒業試験を用意することになる。「理事会（Boad of Governors）」の指示で、学校長のポール・メイホッファー（Paul Meyhoffer）は、フランス、スイス、英国など17カ国の指導者に「国際中等学校卒業資格試験」を設立するように要請文を送ったが、この時点では、まだ国際学校も、また移動する生徒もきわめてわずかしかいなかったので、統一試験は話題にもならなかった。また、米国は国際連盟に加わらず、かつまた、「国際教育」よりも「アメリカ人の教育」を重視していたので、国際学校への関心は低かった。

１９２９年から１９４９年まで、モーレット夫人（Marie-Thérèse Maurett）がジュネーブ国際学校の校長を務め、また、ジュネーブ国際学校の教師たちは「国際学校協会（ＩＳＡ）」を提唱して様々な努力していたが、国際バカロレアに向けて大きな動きが出るのは、第二次世界大戦後のことであった。

第二次世界大戦後、ジュネーブの国際連盟本部は国際連合欧州本部となった。ジュネーブ国際学校は、この建物のすぐ近くという立地条件から、各国の国連代表部職員や国際公務員、欧州原子核研究機構（セルン、ＣＥＲＮ）の研究者の子弟らが多数在籍することになった。２００７年現在、在籍生徒８７５人に対し、出身国は87カ国、母語は１０５種類と紹介されている。著名な卒業生は、政治家のインディラ・ガンジーや、精神科医の神谷美恵子などである。神谷はその国際性を買われ、連合軍最高司令官総司令部（ＧＨＱ）と文部省の折衝を一手に引き受けていたとも言われている。

●アレック・ピーターソンの登場

ＩＢＯ（国際バカロレア機構）初代代表を務めることになる、アレック・ピーターソンは、１９０８年に、英国エジンバラ生まれている。東アジアの地理を専門としていたが、第二次世界大戦中には情報省に所属し、宣伝の任務に当たった。彼の働きは、とりわけ、東南アジアにおいては大きな効果があった。この時、マウントバッテン卿とのつながりができたようである。マウントバッテン卿は、１９４３〜46年に、東南アジア方面連合軍最高司令官として対日作戦を指揮した。

１９５４年、ピーターソンが、マレー（Malaya）情報サービスの勤務を終えて帰国し、シュロップシャー州のグラマー・スクールの校長になる。戦地の体験から、国際理解の必要性を考えていたようである。後に、ドーバー・カレッジ（Dover College）の校長となり、国際的後期中等教育として「国際シックス・フォーム（sixth form）」を構想する。

●国連国際学校と欧州学校の建設

国際連合が設立され、アジアやアフリカの旧植民地諸国が次々に独立して、数多くの国々で国際交流が必要になってきた。また、ヨーロッパでは、欧州共同体が形成され国境を越える動きが開始された。

１９４７年のこと、ニューヨークに、国連職員の子弟のために「国連国際学校（ＵＮＩＳ）」が開設される。「地球のよき市民」を育てることが目的とされた。国家対立の舞台となる地理と歴史に関しては、ジュネーブ国際学校長のモーレットの示唆を受けて、「国際連合教育・科学・文化機関（ＵＮＥＳＣＯ）」が中立的なカリキュラムを提供しようとした。(7)

モーレットは、強大な教会組織でさえできなかったこと、「子どもたちを、分離した国のメンバーとしてだけではなく、人類全体のメンバーになるように教育する」ことを目的としようと提言している。

1949年4月4日には、北大西洋条約が締結され、イギリスやフランスが主体となり北大西洋条約機構（NATO）軍が誕生した。この多国籍軍の本部職員など、ここでも国際学校の必要性が出てくる。NATOは、「イギリス、フランスが主体となり、アメリカを引き込み、ロシアを締め出し、ドイツを押さえ込む」と形容された。

この年、1949年に「国際学校長会議（Conference of Principals of International Schools）」が開催され、1951年からは「国際学校会議（Conference of Internationally-minded Schools）」に改組されている。

たとえば、1952年には、「欧州防衛共同体（EDC）」が創設されたが、西ドイツの軍備に反対するフランス、オランダによって軍事面の統合は失敗する。

逆に大きく進展したのは、経済関係であった。1950年5月9日に、フランス外相シューマンが「欧州石炭鉄鋼共同体（European Coal and Steel Community: ECSC）」構想を発表している。引き続いて、1951年4月18日には、フランス、西ドイツ、オランダ、ベルギー、ルクセンブルク、イタリアの6カ国がECSC設立条約に調印した。

1953年9月25日には、ルクセンブルグに「ECSC教育・家族問題協議会」が設立され、国際学校設立が進むことになる。そして、1953年10月4日に、初等教育だけのルクセンブルグ校が開校し、最初の「欧州学校（European Schools）」になった。

1953年12月11日、欧州評議会（Council of Europe）が、「大学入学につながるディプロマ（専門課程修了資格）互換に関する欧州条約」を採択する。[10] この条約は、3カ国が批准して、1954年4月20日に発効

表2－2　欧州学校の開校年表

年	国名	学校名
1953	ルクセンブルグ	ルクセンブルグ校（Luxembourg）
1958	ベルギー	ブリュッセル第一校（Burssels I）
1960	ベルギー	モル校（Mol）
	イタリア	ヴァレス（Varese）
1962	西ドイツ	カールスルーエ校（Karlsruhe）
1963	オランダ	ベルゲン校（Bergen）
1976	ベルギー	ブリュッセル第二校（BursselsⅡ）
1977	西ドイツ	ミュンヘン校（Munich）
1978	英国	カールハム校（Culham）

している。条約は、外国人がどの国で受けたディプロマも大学入学の資格があると認めるものだが、実際に大学が入学を認めるかどうかは不問に付した。

また、欧州評議会が、1953年から1958年にかけて、歴史家の年次会議を開催し、歴史教科書の中のヨーロッパの記述について意見交換を行った。また、使用されている歴史教科書を交換し、評価してきた[11]。

このように、欧州評議会は、歴史教育と言語問題で中心的な役割を果たしていった。

1957年には、「欧州経済共同体（EEC）」「欧州原子力共同体（Euratom）」が創設される。この年、「欧州学校規約」と「欧州バカロレア規約」という、欧州学校に関する2規約が調印される。しかし、実態は、授業言語によって生徒が分かれてしまい、「同じ屋根の下の異なる諸学校[12]」という様相を呈していた。

●第二次世界大戦後の教育動向

第二次世界大戦後に、国際機構が数多く設立され、その職員に伴う子どもたち向けの国際学校がたくさん建設されることになった。

また、経済成長と共に、後期中等教育と高等教育の拡大の傾向が出てきた。日本は、米国を主体とした連合軍の占領政策により、教育改革が劇的に進み、6・3・3制の教育大衆化の制度が1947年に開始される。しかし、ヨーロッパは、階級的な古い学校制度が残り、とりわけ後期中等教育と大学は、一部のエリートだけに開かれていたに過ぎない。英国労働党は、「中等教育をすべてのものに」というスローガンを掲げ、一般教育と職業教育が一体化した総合制学校（コンプリヘンシヴ・スクール comprehensive school）を推進しようとした。産業の高度化と中等教育の拡大は、資本主義国の主要な課題であった。そんな時、1957年のこと、人類最初の人工衛星スプートニクがソビエトの手で打ち上げられてしまう。これが世に言う「スプートニク・ショック」を引き起こす。1960年代には教育改革は、経済発展のための内政の鍵となってきた。

さて、1950年代後半から1960年代初頭にかけてロンドン、パリといった国際都市にインターナショナルスクールが開設され始める。そして、それまでそれほど関心のなかった国際的な大学入試が話題に上り始めた。

1951年のことだが、ジュネーブ国際学校の教師たちの努力が実り、校内に「国際学校協会（ISA）」が設立された。協会は、1952年に「UNESCO会館（Unesco House）」でUNESCO側と会議を開催する。以後、「国際学校協会」はUNESCOの諮問委員会待遇の非政府組織（NGO）として認められている。これが、ジュネーブ国際学校と、ひいては国際バカロレアとUNESCOとの密接な関係の始まりになる。

1954年に、ジュネーブ国際学校は、「歴史教育」のカリキュラムについて研究をリードした。さらに、インターナショナルスクールに共通するカリキュラムと中等教育修了資格試験を検討し始めている。

１９５５年のこと、後に「欧州共同体学校（European Community Schools）」の創設者となるヴァン・ホイテ（Van Houtte）が、当時ジュネーブ国際学校の一室で活動していた「国際学校協会」に対して、国際試験というアイディアを提案した。

●英国シックスス・フォームの改革案――クラウザー報告書

１９５７年のことだが、アレック・ピーターソンが、ベルギーで行われたＮＡＴＯ主催の国際教育会議でクルト・ハーン（Kurt Hahn、英語読みはカート・ハーン）に出会った。これが、後に、きわめて重要な結びつきを作り出すことになる。

１９５８年４月に、オックスフォード大学教育学部は、グルベンキアン財団から、英国の「大学入学準備課程（sixth form、シックスス・フォーム）」のカリキュラム改革の可能性について研究するための資金を得た。ピーターソンがオックスフォード大学に移籍し、彼を委員長にして、諸外国の後期中等教育と大学入学試験制度の検討に入った。ちなみに、この財団は、ポルトガルのリスボンにあって、アルメニア人の実業家カルースト・グルベンキアンの遺産を基に、芸術、科学、教育などに助成することを目的にしている。

後期中等教育の改革は、国の課題でもあった。とりわけ、英国では、シックスス・フォームと呼ばれて、この名称が示すとおり制度的にもはっきりしていなかった。シックスス・フォームとは、一般の中等学校卒業後に、大学進学用のＧＣＥ（一般教育修了資格試験）－Ａレベル試験対策に編成された俗称「第６学年」のことで、予備校相当だが、制度的には後期中等教育に当たる。７～11歳（５年制小学校）、12～16歳

（5年制中学校）の後、17歳（lower sixth）、18歳（upper sixth）の2、3年間がそれとみなされた。
さて、1959年には、政府機関からクラウザー報告書が作成されている[14]。教育拡大期、とりわけ中等教育の拡大に対応するため、後期中等教育の改革が当時の課題であったが、報告書は、大衆化への対応よりも伝統的なやり方で教育の質の維持を重視し、考える教育をするためには教科を限って深く学ぶべきだと主張している。

この報告書で注目すべきことは、教科専門の知識を薄く広く詰め込むことは、その後の高等教育に効果があまりないと判断し、生徒自ら深く、より専門的に学ぶべきだと主張したことであろう。

「総じて、知的な質が高ければ高いほど、生徒たちは『教科志向』になりがちである。……専門化とはシックスス・フォームの印であり、シックスス・フォーム男子生徒の『教科志向』のことであるということは十分に確認できるだろう[15]」

「今日、全面教育は比較的低学年でのみ可能である。……問題は、専門化が望ましいことかそうでないのかということではなく、いつそれを開始するかということなのだ[16]」

「ある教育が成功したか失敗したかは、最後に生徒が『知っていること』で判断されると考える者もいる。今では、どの市民も『知らなくてはならない』ことがあり、現在では、それは『基礎的な読み・書き・計算』というものではない。……現実知識を獲得することは、それ自体は教育の貧弱なテスト、17、18歳の生徒たちの教育の嘆かわしいほど貧弱なテストにしかならない。これまで言われてきたように、教育の過程は、空の壺を満たすことではなくて、火を灯すことなのだ。正しい教育のテストとは、生徒に考えるように教えたかどうかであり、生徒の脳を生活にある諸問題や諸機会に適用するように生徒の関心を呼び覚ますことである。そうすれば、現実の知識は消化される[17]」

「彼が自分の教科を知的に修得したという最初の喜びを得る時、友人たちもまたそれぞれの教科で同じ喜びを得ていること、自分の関心こそが自分が熱中したことの背後にあるものを発見できたと分かる。男子生徒たちが、シックスス・フォームの終わりに、この知的な角を曲がることになると、最後のわずかな学年には彼の教育は狭かったかもしれないが、それから彼はそれを広げ、また深めるだろうと確信が持てるのである[18]」

　こう、クラウザー報告書は述べていた。

●英国シックスス・フォームの改革案――オックスフォード報告書

　オックスフォード大学の報告書は、クラウザー報告書の翌1960年に提出された。これには、委員長のアレック・ピーターソンの考えが強く反映されていると推測できる。

　報告書は、第1に、後期中等教育で学ぶ教科の数を広げるべきだと主張した。しかも、文系と理系の厳密な垣根を設けないことを提案している。その意味で、時代に合わせて大衆化を試みたということになる。調査当時、イングランドとウェールズのシックスス・フォームは、3教科を選択する教育に限定されており、しかも、3分の1の学校では「理系」か「文系」の選択はできなかった[19]。

　報告書はまた、「文系と理系に厳密に分けない新しいシックスス・フォームは可能である。新しい大学入学資格試験は、以下の5グループのうち3つから、Aレベル3教科をあてること」とし、5グループを「論文（General Paper）」「数学」「自然科学」「社会科学（歴史、地理、経済）」「言語」とした。さらに、「『時事問題』『一般知識』『英語の効用』といった論文は、シックスス・フォームのカリキュラムを広げるのに直接貢献しないかもしれないが、選択された科目群の枠内でよりよい教育を刺激する価値がある」[20]とされた。

第2に、報告書は、クラウザー報告書と同様に専門化によって探究的な学びを重視しながら、すべての専門に通じる何か、教科志向を超える何か一般的な理解力を、次のようなことばで主張している。「一般教育に関するヨーロッパ型のシックスス・フォームのプログラムの大きな欠陥は、教育とは思考力の発達よりも大量の知識を獲得することだという検証されていない仮定に依拠してきたことだ。そのような批判は言い古されたものだとか間違いだと思えるはずだというように、教育学的決まり文句が繰り返されてきたというのが特徴だ。モンテーニュが300年以上前に指摘したことだが、今日もなお英国でもヨーロッパでも、どの教育学者も、胸に手を当てて、『単なる情報伝達は撤回します』と誓う。しかし、この過ちは、この撤回の誓いをしている時にさえ、容易に陥るものなのである。たとえば、シックスス・フォームにおける歴史のフランス語シラバスは、世界史を広く概観するもので、歴史的な思考を経験することよりも事実に関する諸知識が『一般文化』に要請されているのだという根拠の上に正当化されている。この教科に関する口頭試験の最近の厳格さは、これを広めている。同様に、ドイツの中等教育修了資格試験に見られる教科の数は、一般教養とはすべてに通じる何かを知るという意味の見解の名残であると思われる。

クラウザー報告は、ある節（386）において『実際の知識の獲得』を教育の証明に使うことを批難しているのだが、別の節（378）では、人間の知識の広がりが進めば専門化は避けられないという一般に受け入れられている説を繰り返している。

一般教育（general education）を一般的知識（general knowledge）という用語で考えるのを止めない限り、われわれは、一般教育と専門分野（specialised field）に必要な技能や理解とを結びつけるという問題を解決できない。

たとえばユトレヒト条約の年、シンガポールの緯度、ニトログリセリンの化学式、四重奏の作曲者などを知らなければ、一般教育がない人間だということにはならない。芸術に何の関心も示さず、美的判断を伴うモラルを拒否し、アジアの政治指導者たちの行動を19世紀の英国議会みたいだと解釈したり、神の存在は科学的に反証されているというのは、一般教育がないということになる。

それゆえに、シックスス・フォームのカリキュラムは、幅広い表面的知識ではなく、理解（understanding）の一般的発達として一般教育を捉えるようなものとして、同時にまた、卒業時点では、主要大学における学修（studies）で、できるだけ多くの可能性が選択できる自由を持てるように、さまざまな科目において十分な技能、知識、理解を提供するものとして考案されるべきなのだ[21]

「専門化というテクニックの発展は英国のシックスス・フォーム制度における最強の特徴だが、その範囲の狭さと排他性は最弱の特徴であると言えるように思える。成人の学修分野を制限することの有利さにおいて、この年齢あたりでは、はっきりとしていることは、

（1）困難な諸問題に実際に集中する必要性によって、あるいは曖昧さが少ない諸価値を受け入れることによって発揮される知的な「背伸び」や挑戦である。……この発達の過度の遅延は、恐らく、米国の制度の最弱な特徴である。

（2）この種のうまくいった経験から来る達成感は、本物の知的発達に大きな刺激を与えることができる。これは狭い「教科志向」をはるかに超えたもので、「知識の源泉をひたむきに追求することからわき出る泉」[22]なのである。

（3）本物の批判的態度が発達できる限られた分野において、教師の経験にある程度左右されるという専門的な学修によってのみありえることなのだ。歴史の教師や文学の教師にはそっくり同意せず、数学の教師からは一見明白ではない解決を見て取ること、このようなことは実に重要な経験なのだ。しかし、このようなことは、十分な知識や問題の理解に依拠していなくては、単なる可能性でしかない。そして、このことは、専門的なコースでのみ到達できることなのだ[23]」

すなわち、オックスフォード大学報告書は、基礎知識をたくさん集めれば一般教育が成り立つわけではないと警告したのである。

このような立場は、国際バカロレア・ディプロマ課程（最2学年）の科目設定に大きな影響を及ぼした。つまり、アレック・ピーターソンは、過度な専門特化を認めないで、幅の広い統合的な科目バランスこそ望むべきだという結論を出したということである。これは、一般教養を重視する「大陸ヨーロッパ」の教育原則に一致する。この立場は、国際バカロレア・ディプロマ課程の特徴のひとつを作り出すことになる。

したがって、ピーターソンがジュネーブに呼ばれたことには納得がいく。と同時に、ジュネーブの国際学校協会側は、オックスフォード大学との関係を作り出すことでフランス教育省とは一定の距離がとれると判断したことであろう。

さて、報告書は、「オックスフォード・ケンブリッジ大学入試常設委員会」の設置を提案している。その後さらにオックスフォード大学側は、欧州評議会と交渉し、加盟国における後期中等教育のカリキュラムと試験の比較研究に関するプロジェクトを提唱した。この案が受け入れられ、各国の教育省とジュネーヴの国際学校協会の協力で、ホール（W.D.Hall）博士を主任として比較研究が進められた[24]。これは『カリキュラムと試験に関するオックスフォード欧州研究会議（OSESCE）』として知られ、報告書は、欧州評議会から出版されている。

●ピーターソンの高校教育論

1962年の夏、ピーターソンは、マーチャント・テイラーズ・スクール（Merchant Taylors School）の歴史教師で、のちにアトランティク・カレッジの教頭となったロバード・ブラックバーン（Robert Blackburn）と共に、アカデミック・カリキュラム、いわゆる知的教科に関して集中作業をした。また、各国の中等教育修了試験制度を研究した。

後に触れるアトランティク・カレッジでは、出身国の試験別に教員を分けることはよくないと判断していた。それは、各国であまりにも違いがあることと、分ければコストがかかることと、カレッジの設立趣旨に反することと、共通言語での授業が導入できなくなるからである[25]。

ピーターソンは、研究（アカデミック）大学入学直前の2年間をIBと考えていた。この課程は、「最後の一般教育」であり「最初の教科志向型専門化」であると性格付けた。モデルは、ヨーロッパの伝統である、西ドイツのアビトゥーア（Abitur）、スイスのマチュリテ（maturité）、英国のGCE、フランスのバカロレア（baccalauréat）の4つであった。北米のハイスクール・ディプロマに要求されることは、「水で薄めたような知的条件」に過ぎず、単位認定制度（AP Program）は「カフェテリア型カリキュラムに盛られた学術課題のいくつかの要素を蓄積するよう試みさせる」ようなもので、つまり体系性のないつまみ食い学習など論外だと考えていたようだ。

ばらばらの教科単位制ではなく、2年間かけて一般教育を行う、専門化されるけれども共通の土台となる教養を身につける、どの教科にも2年間かける教育というのが国際バカロレア・ディプロマ課程の2つ目の特徴として実現されていく。

検討モデルとした4つのうち、GCEは、将来の大学で専門とする3教科だけに限定されており、「一般科目の学修」が授業時間の3分の1しかないので少なすぎるとピーターソンは判断した[26]。

バカロレアとアビトゥーアは、主専攻と副専攻によって時間配分を変えるなどして、重要な必修科目を履修しながら複数の専門化を選択できるようにしてあった。そのために教科にはレベルの違いという仕組みを設定してあったのである。

だが、この時切り捨てた北米の実態は、もう少し複雑だった（これについては後述する）。

ピーターソンは、後期中等教育学校を研究大学準備以外に広げて、実学・職業教育も取り入れながら、拡大すべきだと考えていた。その意味では、教育の大衆化を図ろうとしていた。

「それゆえ、専門化されているだけでなく、専門化の選択があまりに早期に行われており、専門化の様式がバランスを欠いているので、シックスス・フォーム教育というわれわれイングランドの様式は、一般教育を提供する（provide a general education）のに失敗している」

「13、14歳で効果的な選択する者は5分の4だと、クラウザー・レポート（1959年）は言っている」

「われわれは、『学術的でない者（non-scholars）』というずっと大きな集団のカリキュラムの方に向かなくてはならない。1946年よりこの方、ほとんどの地方教育当局は、分岐した中等学校を使って『学術的な者（scholars）』と『学術的でない者』とを分けようとしてきた[27]」

日本的に言えば、進学組と就職組の問題に行き当たることになる。だが、アレック・ピーターソンは、専門化の中でこそ知識を探究する能力が身につくものだとも考えていた。その意味では、学術的（アカデミック）カリキュラム重視なのである。次のことばは、皮肉な言い方だが、子どもに任せるのではなく、子どもが自ら深く学ぶように誘うことを教育なのだと考えていた証となるだろう。

「狭い同質領域の学修に、早期かつほとんど排外的に専門化するというイングランドのシックスス・フォームの様式は、深淵なる『子ども中心』を示している[28]」

このようにアレック・ピーターソンは考えていた。

●アトランティク・カレッジの創設

ここに、クルト・ハーンというもう一人の人物が登場する。彼は、ポーランド系ドイツ人だった[29]。彼は、教育論を書いていないので、彼の行動からその教育哲学を推測するほかない。

彼は、1920年にドイツのヴァーデン・ヴュルツンブルグ州のセイラム校（Salem School）の学校長になり、第一次世界大戦で敵味方に分かれて戦ったドイツと英国の子どもたちを集める。しかし、ヒトラーと対立して、1932年に逮捕されてしまう。それを英国首相のラムゼー・マクドナルド（Ramsay Macdonald）が介入して、英国に追放という措置を得る。これだけの扱いを受けるだけ、彼は高度な交友関係を持っていたということになる。

英国でクルト・ハーンは、1934年に、北スコットランドにゴードンストン・スクール（Gordonstoun School）を設立した。そこには、後の皇太子になるチャールズが入学してくる。この学校は、今日も国際学校として存続している。ちなみに、2014年現在で、生徒数は575人（うち男子344、女子231）、寮生は8歳からで453人、費用は食費・寮費含んで年に20、199~33、285ポンド、およそ300万円から500万円である[30]。

クルト・ハーンの教育モデルは、プラトンの『国家』と英国のパブリックで進歩主義的な学校（British public and progressive schools）、とりわけセシル・レディのアボッツホルム（Reddie's Abbotsholme）であったという[31]。この学校とは、19世紀末から20世紀初頭にドイツで高まった田園教育塾運動の影響を受けて、1889年にイギリスのアボッツホルムに創立された全寮制の学校のことである。当時の学校は、少数の男子生徒のみであった。この様式が後の「世界のカレッジ連合（UWC）」を形造ることになる。

ハーンの教育原則は、①共通作業を分担して関与することは若者たちにとって重要なことである、②その作業を効果的に遂行する技能を本気に訓練することは重要である、③その作業に必要なサービスに関与することは重要である、④異なる文化の若者同士で相互理解することは重要であると、アレック・ピーターソンは要約している[32]。

時は流れ、1957年になってクルト・ハーンは、パリに本部のあるNATO防衛学校（NATO Defence College）で初めて講演をした。空軍司令官ローレンス・ダーバル卿（Lawrance Darvall）が初代校長を務めるNATO職員カレッジが、ドイツ人、フランス人、米国人、英国人といったかつての敵を「接合している」ことに、ハーンは深く感動したという[33]。

そこで彼は、「大西洋同盟諸国の若者」[34]を集めて非軍事の学校を建設しようと考え始めた。若者が共産主義に熱中してよいものかと考えた末のことだったようだ。

この1957年に、ピーターソンが、ベルギーで行われた国際会議でクルト・ハーンに出会っている。ハーンの同調者は、主として英国にいたが、ドイツやスカンジナビアと密接なコンタクトをとっていた[35]。

1958年のこと、クルト・ハーンは海軍少将デズモンド・ホーア（Desmond Hoare）に新学校の初代校長を依頼した。世間の予想に反して、彼は承諾した[36]。

学校の場所を巡って、クルト・ハーンは、スコットランドがよいと主張し、すでに城を探していた。デズモンド・ホーアは、それに反対し、訪問者のことを考えてロンドンに近いこと、大学、産業に近接していること、実際に積極的な救助活動の機会があることを主張した[37]。

そこで、大西洋に面したウェールズの南海岸にある、カーディフ郊外のセント・ドナト城を選んだ。アトランティク・カレッジ（Atlantic College）という学校の名称は、大西洋からとった。ここには、デズモンド・ホーアの信念、「海は教育者」が生きている。また、本当に、1981年までの20年間で、海難および断崖からの救出活動で「190人の命を救った」そうである[38]。

1961年の春、ロバート・ブラックバーンが教頭に選考された。

1962年1月1日に、デズモンド・ホーアは、英国海軍（Royal Navy）を早期退職し、妻のナオミと、3人の子どもと共に引っ越してきた。4月までに、400人の応募者の中から11人の教師が採用された。

さて新学期の生徒は、ブラジル1、ドイツ7、スコットランド9、ギリシャ1、スウェーデン2、カナダ3、デンマーク2、イングランド15、北アイルランド1、米国8、フランス3、ノルウェー1、ウェールズ7、オランダ1、スイス1の62人の男子のみの学校としてスタートした[39]。そして、アトランティク・カレッジ創設の数週間後に、キューバ・ミサイル危機が起きた。そんな時代だったのである。

1962年から1969年は、西ドイツ政府、英国政府、フォード財団、その他私的スポンサーから資金を得て学校を運営した。カリキュラムは、英国のシックスス・フォームに合わせ、GCE-Aレベルに対応させた。

受験する3教科は高度コース（'higher' courses）だが、バランスをとるために3教科の標準コース（'subsidiary' courses）が用意された。「アトランティク・カレッジ卒業資格」は、（a）母語コース、（b）第一外国語（外国人生徒には英語）コース、（c）言語と文学の教科群から選択して深く学ぶコース、（d）社会研究教科群から選択するコース、（e）数学と科学の教科群から選択するコース、（f）芸術と工芸群（arts and crafts group）から選択するコース、（h）全生徒必修の宗教教育、哲学、時事問題の授業、となっていた[40]。

さて開校直前の夏に、この学校を訪れてブラックバーンと共にカリキュラム研究を集中的に行ったピーターソンが、教科群の組み立て方と高度と標準の2レベルに授業を組むことを、国際バカロレア・カリキュラムにも取り入れたということは容易に推測が付く。

生徒は、大西洋同盟（NATO）を越えて、ポーランドやチェコスロヴァキアからも来るようになった。そして、1967年に、最初の女子生徒が入学した。これは、一時滞在扱いで、教員宿舎に住んだ。正式に女子生徒の入学を認めるのは、1970年のことである[41]。

国際バカロレアに関する歴史研究者よれば、このアトランティク・カレッジは、「平和教育に関与し（commit to education for peace）、教育課程の焦点に国際バカロレアを据えて、徐々に英国のAレベル試験からIB試験に取り替えていった[42]」と特徴付けられている。

●UWC（世界カレッジ連合）

1962年にアトランティク・カレッジの創設と共に、世界カレッジ連合（United World College: UWC）が提唱された。世界カレッジ連合本部はロンドンにある。アトランティック・カレッジの成功を見習い、他の諸国にもこのようなカレッジを設立するために、各国の著名人を集めて国際評議員会が設置された。初代会長は、1967年から1978年までマウントバッテン卿（Lord Mountbatten、伯爵）であった。このマウントバッテン卿が、1969年にカリキュラム改革を主張し、それまで英国のGCE－Aレベル試験と標準レベルの教育をしていたアトランティク・カレッジは、1971年に、英国の試験制度を捨てて、当時まだそれほど広く認められていなかった国際バカロレアを採用することにした[43]。

マウントバッテン卿は、「ビルマのマウントバッテン」と呼ばれ、第二次世界大戦中は東南アジア地域連合軍総司令官を、戦後はインド総督、地中海艦隊司令長官、海軍軍令部総長という要職を歴任した。マウントバッテン卿は、ヴィクトリア女王のひ孫で、英国王室の一員、チャールズ皇太子の大伯父にあたる。1979年にIRAのテロによって爆殺されている。

1971年に、世界カレッジ連合の2番目の学校としてシンガポール国際学校が開校するが、校名を変更してＵＷＣを名乗るのは１９７５年のことである。

それより早くＵＷＣの正式メンバーであり、同時にまた国際バカロレア・カリキュラムの導入を図ったのは、ピアソン・カレッジ（ＰＣ）である。同カレッジは、ノーベル平和賞受賞者でカナダ首相を務めたレスター・ピアソン（Lester Pearson）が、アトランティク・カレッジをモデルに、カナダ政府やカナダの企業の協賛を得て、１９７４年にバンクーバー島のヴィクトリア郊外に建設したものである。この学校は、ひとつの共同体として運営されている。学生寮は「ハウス」と呼ばれ５棟あり、そのうちひとつは日本政府と企業（経団連）の支援により建設され「ジャパン・ハウス」と名付けられている。

その後、国際評議員会会長は、１９７８年にチャールズ英国皇太子が、１９９５年にはネルソン・マンデラ前南アフリカ共和国大統領が就任し、現在はヌール・ヨルダン王妃である。評議員会は５年毎に開催され、世界カレッジ連合の権威を高めている。日本では、経団連が１９７２年９月に「ＵＷＣ日本国内委員会」を設立して、留学生を海外に派遣している。

話を絞ればこうである。世界カレッジ連合はきわめて強い政治力があり、国際バカロレアの普及に大きな力となったということである。ジュネーブ国際学校は、フランス政府とＵＮＥＳＣＯ、欧州評議会と密接な関係を作っていた。アトランティク・カレッジは、英国政府とドイツ共和国（西ドイツ）政府と密接な関係にあり、また著名人を動かして政治・経済の世界に影響力を持っていた。この２つがあったからこそ、国際バカロレアという架け橋が作り出され、国際標準の大学入試が動き出したのである。それは、「マックとコーラのような」という互いにブランドを高め合う、持ちつ持たれつの関係となって今日まで続いている。さらにまた、ＵＷＣの学校の所在地を表２－３で見ると、帝国主義時代の宗主国がまさに植

表2－3　国際カレッジ連合加盟校一覧

設立年	学校名	所在地
1962	アトランティク・カレッジ	英国南ウェールズ 1972年に国際バカロレア・カリキュラムに変更
1963	ウォーターフォード・カムラバ（UWCSA）	スワジランド王国、ムババネ市 1981年にUWCに加盟
1971	UWC東南アジア（UWCSEA）	シンガポール 1975年にUWCSEAに校名変更 1981年に国際バカロレア導入
1974	ピアソン・カレッジ（UWC of the Pacific: PC）	カナダ、ブリティッシュコロンビア州、ヴィクトリア市 1974年の設立当初から国際バカロレア・カリキュラムを使用
1982	米国カレッジ（UWC-USA）	ニューメキシコ州、モンテズーマ市
1982	アドリアティック・カレッジ（UWC of the Adriatic）	イタリア、トリエステ近郊のドゥイーノ
1986	シモン・ボリバール農業カレッジUWC（Simon Bolivar UWC of Agriculture）	ベネズエラ、バリナス市 1988年にUWC加盟、2012年5月31日閉校
1992	香港カレッジ（UWC of Hong Kong）	香港 中国語の学習が奨励されている
1995	北欧赤十字カレッジ（UWCRCN）	ノルウェー、フレッケ・フィヨルド
1997	マヒンドラ・カレッジ（Mahindra UWC of India）	インド、ムンバイ市郊外プーネ
2006	モスタル・カレッジ（UWC in Mostar）	ボスニア・ヘルツェゴビナ、モスタル
2006	コスタリカ・カレッジ（UWC Costa Rica）	コスタリカ、サンタ・アナ市

民地エリートを育成するかのような構造が見えてくる。

●国際大学入試の始動

ＵＮＥＳＣＯは、主として国際理解教育という視点から、国際共通カリキュラムと国際バカロレアに注目した。

１９６１年に、ジュネーブ国際学校の英語教育主任デスモンド・コールベイカー（Desmond Cole-Baker）たちが、どの国でも行われ、どの国でも認められる大学入試のアイディアを具体的な案にまとめ上げている。[44] しかし、国際学校協会（ＩＳＡ）が国際学校（international and extra-national schools）の調査を行ったところ、たくさんの異なるシラバスが実施されていることが分かったという。[45] 試験科目の選択とその方法の擦り合わせは容易ではなかった。

１９６２年のＵＮＥＳＣＯ総会決議において、「国際理解の教育」の項目で、「人々の間に平和と相互尊敬・理解の理念を促進し、様々な国の若者の交流をはぐくむことがベストの手段[46]」と指摘されている。この文言は、１９６４年の決議でも繰り返され、ＵＮＥＳＣＯの中に定着することになる。

当事者となるアレック・ピーターソンによれば、「国際バカロレア」というアイディアは、「ジュネーブ国際学校」の教員たちによって最初に考え出され、１９６２年に「国際学校協会（ＩＳＡ）」によって提起されたと指摘している。[47]

この時、コールベイカーは、１９６１年に、ジュネーブ国際学校の英語部門校長になっている。当時、ジュネーブ国際学校は、英語系列とフランス語系列の２つの授業が並行して進んでいたということが分かる。コールベイカーは、アイルランド出身で、スリランカ、インド、ビルマなどで戦線に赴いていた。そのため、平和への思い入れが強かった。

１９６２年に、ジュネーブ国際学校の教師としてボブ・リーチ（Bob Leach）が採用されている。彼は、アメリカ人のクウェイカー教徒でアトランティク・カレッジの教員であったが、ジュネーブに来てからは「国際学校協会」の活動を熱心に行った。また、彼はアイディアマンで、国際学校の社会科教師たちに「東西文化の相互理解」というプロジェクトを提案し、ＵＮＥＳＣＯから資金援助を受けることになった。

このコールベイカーとボブ・リーチが、ＩＢを生む歴史的な国際会議の主役となる。

ピーターソンの別の記述では、1962年のこと、ジュネーブ国際学校の社会科部門の教員たちが主催して、国際試験に関する小さな会議がもたれ、ボブ・リーチが議長を務め、「国際バカロレア（International Baccalaureate）」という用語を使った、と述べている[48]。

ジュネーブにて、国際学校協会は国際学校の歴史教育に関する会議を開催し、この会議の最中に、「国際大学入試」を考えるべきだという意見が出されたと、会議に出席していた教員のコールベイカーは回想している[49]。

ピーターソンは、さらに詳しく次のようにも書いている。UNESCOは「東西文化の相互理解」という「主要プロジェクト」を動かしていたが、国際学校協会の裏付けがあったボブ・リーチは、「国際バカロレアを準備するのに適切な国際学校における社会科プログラム」を開発する会議費用としてUNESCOから2500ドルの資金を得た。

会議に参加した教員は、ほとんどがジュネーブ国際学校の教師たちであったが、UNESCOと欧州学校からの参加もあった。そんなわけでボブ・リーチは、自分が「国際バカロレアの創設者」だと言っているのだが、大勢の創設者がいて「彼はその一人」にすぎない、と[50]。

話を総合すると、1961年頃には国際大学入試のアイディアがジュネーブで具体化し、1962年に多くの人々の合意を得るまでになって、ボブ・リーチという人物が「国際バカロレア」という用語を初めて使ったということである。

当時、カリキュラム開発を続ける資金はなく、学校から物質的な裏付けもなかったが、ジュネーブ国際学校の教師たちは献身的に努力していたようだ。社会科に関する「国際学校協会」会議は、基本標準の確立に向けた第一ステップとして、「社会科合同試験」の可能性を開拓しようとした。UNESCOは、この目的でワークショップの開催に少額だが財源を提供をした。[51] そのおかげで、1962年の国際会議が開催できたということになる。

●国際大学入試の準備期

1963年に入ると、「国際学校協会（ISA）」に対し、米国政府設立の「20世紀基金（Twentieth Century Fund）」が7万5,000ドルの資金提供を行い、[52] 3年以上かけて国際学校に共通のカリキュラムと共通試験を開発する組織を確立することを決定した。

この際、「国際学校試験協会」を個別組織として発足させることになったという。しかし、資金不足で、この決定は英文のみが印刷されただけだった。[53]

フォード財団は、ニューヨークの国連国際学校（UNIS）の校舎獲得に数百万ドルの資金を提供していたので、1964年初頭には、コールベイカーとジュネーヴ国際学校の教師たちが、フォード財団に調査費を要請することにした。

ここに、「国際学校試験連盟協議会」と、国連国際学校長デスモンド・コール（Desmond Cole）[54]、大学入試認定プログラム理事長ハーラン・ハンソン（Harlan（Harpo）Hanson）とが結びつくことになる。[55]

フォード財団からのコンサルタントは、フランク・ボールズ（Frank Bowles）とラルフ・タイラー（Ralph Tyler）だった。フランク・ボールズは、1963年に、UNESCOに対して「高等教育へのアクセス」に関する大規模な研究を提案していた。この結果、国別に大きな差異があることが分かった。[56] ラルフ・タイラーは、教育学を専攻するシカゴ大学部教授で、とりわけカリキュラムの発展と学習心理学に関心があった。教育目標分類化の研究者ベンジャミン・ブルーム（Benjamin Samuel Bloom）教授に近い位置で活動した。ラルフ・タイラーこそが、ピーターソンへの資金提供を保証することになる。

●国際バカロレア機構の前身

1964年のUNESCO総会決議では、「高等教育」の項で、「社会的、経済的な進歩を加速する視点で高等教育の発展のための国際協同を促進する」とし、その手段のひとつが「科目別成績証明書、ディプロマ、単位の比較と認定につき改善・改革の可能性を研究、調査すること[57]」だと指摘した。

その際に、事務総長は、「高等教育の入学に関する問題を国際証明書の開発で解決する必要性」を指摘している。また、決議は、「国際学校協会」との「協同が続けられる」とも明記している。

『UNESCO教育年鑑1964年版』では、最終章が「国際学校」となっていて、50の国際学校と国際学校協会が紹介され、国際学校というものはその「目的と基本的前提が曖昧[58]」と評されている。

この年、スイス国内のすべての国際学校で、共通の現代史を教えるための研究会が開かれている。実験的テストに道を付ける「現代史のシラバス」の草稿を作成した。ハーバード大学を含むいくつかの大学が関心を示したという[59]。

そして、この1964年に、いよいよ試験を実施する仕組みが作られることになる。それは、1964年8月に20世紀基金が資金提供を行ったため、運営可能な条件ができたからである。この資金を基に、「国際大学入試」とそれに至るシラバスの開発を目的として、ジュネーブ国際学校の関係者によって、法人「国際学校試験連盟（ＩＳＥＳ）」が設立された[60]。協会のメンバーは、大学や国際組織の代表からなっていた。さらに、ＵＮＥＳＣＯ教育局（International Bureau of Education）、欧州評議会教育部（Education Division of the Council of Europe）といった国際機関、また各国の大学、試験委員会、教育省と連絡が取られるようになった[61]。この最初の会議が１９６５年３月に開催された。

「国際学校試験連盟」の総裁には、１９６５年から１９６７年までジョン・ゴールマハティヒ（John Goormaghtigh）が就任した。１９６８年には、「国際学校試験連盟」は、「国際バカロレア財団評議会（IB's Council of Foundation）」に改組されたが、そのまま彼が１９８０年まで総裁を務めた。彼は、ベルギー人で、ＩＢ校に子どもを入学させていた。また、第二次世界大戦の軍隊経験があり、ダッハウ収容所に入れられていたこともある。しかも、「国際平和カーネギー寄付ヨーロッパ・センター長」であった。彼は英語もフランス語も堪能で、国連ともコンタクトがあり、欧米の研究者や政治家に影響力があった。

「ようやく、新しいグループが薄い空気の中で走り出した。しかし自主的に動けたのは、ゴール・マハティヒ、コールベイカー、リーチ、それに他のジュネーブ国際学校の賛同者が、試験プロジェクトに割かれた人材であった[62]」

思わぬことに、旗揚げしてすぐに名称問題が起きた。「国際学校試験連盟」という名称は、資金提供をするジュネーブ国際学校のもっぱら経済的な理由で、スイス民法に合わせてSyndicateと呼ばれていた。ところが、フランス語でsyndicatとは労働組合を意味するので、ふさわしくないという理由である[63]。スタート直後の１９６４年６月から、この名称は公式のものとして避けられるようになり、１９６７年に「国際バカロレア機構（ＩＢＯ）」へと改組・改名されることが決まる。同時に、国際試験官委員会

(international board of examiners) が設けられ、様々な国の視学官、大学教授、中等教育学校教員が協働する活動になった。

ついに、1964年秋、アレック・ピーターソンが、初めてジュネーヴ国際学校を訪れる。1964年12月には、ピーターソンが、在外研究期間をとり、初めて長期にジュネーブに滞在することになる。彼は、オックスフォードからジュネーブの「国際学校試験協会事務所」に転居し、「国際学校試験連盟」理事、試験開発の責任者となった。ジュネーブ国際学校側のジェラード・ルノー(Gérard Renaud、英語読みはレナウド)と、オックスフォード大学側のビル・ホールズ(Bill Halls)とで3人組が結成される。ルノーは、ジュネーブ国際学校の哲学の教師で、海外フランス人学校で教えた経験があった。彼は、この後、国際バカロレアカリキュラム作成の中心人物となる。

●国際バカロレア・カリキュラムの作成が開始される

1965年は、3機関が「欧州共同体(EC)」に統合される年である。国際バカロレアについても、大きな変化が起きた。1965年の3月に、シラバスを決定する手順を決める最初の会議として、ジュネーブに40人の専門家が集まって、第1回カリキュラム会議が開催される。最初のカリキュラム草案(first draft of the curricular pattern)が、ジェラード・ルノーによって提案された。この草案は、10月の語学会議の折に、アトランティック・カレッジとジュネーヴ国際学校間で了承されることになる。

さて、この3月のはっきりした名称のない会議が、歴史をたどっていくと、国際バカロレア機構の最初の総会ということになる。

総会では、一般枠組みについては、「最終合意は容易に達せられた」という。さらに、「中等教育が大学入学レベルに達するには、生徒が自分の頭を事実で満たすよりも、バランスがとれた一般教育を提供して未来の学生が自身の知識を使うことを学べるようにすることである」[64]（強調は原文）と合意された。「自分の頭を事実で満たす」ことよりも「自身の知識を使う」ことを「学ぶ（learn）」という学力観は、今日のコンピテンスをめぐる議論に近いものがある。

総会では、表2－4のように4教科で論議がまずスタートした。

フランス教育省から「一般視学官」の一人で言語主任視学官スメーボルデ（André van Smeevoorde）が派遣されてきた。ある日、彼と、ロンドンGCE理事会のジョージ・ブルース（George Bruce）が徹夜で議論し、明け方に結論を得た。翌日の午前中に、ジョージ・ブルースとジェラード・ルノーは、黒板に6教科からなる「IB一般図」を書き上げた[55]。これが6教科群案で、その後の国際バカロレア・カリキュラムの基本枠組みはこの時できたことになる。その後、スメーボルデは、IBに関心を強め、国際バカロレア機構の最初の言語主任試験管（Chief Examiner in Language）となった。国際バカロレア・カリキュラムとフランス教育学との結びつきの強さもこうして作られていく。ルノーが考えた6科目枠組み（six disciplines）は、表2－5のようになっている。

ルノーの説明で重要な点を取り出してみよう。

「6教科のうち3教科は、『高度なレベル』あるいは深みのあるものであること。しかし、早熟なる専門

表2－4　4基本教科と3選択教科(four basic subjects and three subjects of their choice)

教授言語と世界文学 Language of Instruction and World Literature	
外国語 Forein Language	1科目
歴史または地理 History or Geography	
数学と科学 Mathematics and/or Science	
選択3教科	本人の選択する大学の学部や受験国の要請に応じて
すべての教科は、高レベルと標準レベル（Higher and Subsidiary Level）の2つのレベルで授業される。生徒は、高レベル3教科、標準レベル4教科履修する。	

D.Cole-Baker, Toward an International University Entrance Examination. *Comparative Education*, Vol.2, No.1, November 1965, 44.

化を避けたものであること」

「どの志願者も、純粋な学術教育を避けるために、芸術的、社会的、肉体的な活動に時間を割くこと」

「共通コースの知の理論は、構造の上部に位置する。このコースは、数学的論理付け、実験的分析あるいは歴史的研究といった、生徒が異なる思考様式でどの教科を高レベルで学ぼうとも、生徒を省察に導くように意図されている」


ここで、省察（reflect、振り返り）という用語が登場している。その意味は、自己の活動を点検評価することである。教科（subject）と科目（discipline）とは使い分けられている。また、次のように、テストに対する警戒心もはっきり示されている。


「科目の選択は、うまくバランスのとれた教育を受けるという意欲で貫かれること」

「試験」は、「表現、判断、論理能力」といった「基本的適性の区別」を行う。「テストというひとつのタイプによる一括評価に基づくよりは、様々な側面から志願者の知識を明らかにしながら、専門家が各教科で異なるタイプの評

表2－5　ルノーが考えた6科目枠組み

1	基礎言語（母語または第一言語）
2	第二言語（基本的に外国語）
3	数学
4	人文学
5	実験科学
6	第6グループ
7科目を異なるレベルで 学校別特別プログラムは国際バカロレア機構に認定されること	

Gérard Renaud. *Experimental period of the International Baccalaureate: objectives and results*. Paris: UNESCO Press, 1974, 9.
A.D.C. Peterson. *Schools Across Frontiers: The Story of the International Baccalaureate and the United World College*s. La Salle, Illinois: Open Court, 1987, 29.

価を用いて決定する。試験は、紙ベースの伝統的な選択肢問題、視聴覚テスト、個人研究計画発表から成る[66]」

「導入段階では、授業言語は英語とフランス語とし、他の主要言語の追加も許可されることがある」

「どの科目も、異なる文化背景を持つ生徒の範囲を認め、できるだけ柔軟に教えられ、試験されること」

「制度は、生徒が望むコースをとり、自分の選択した科目別成績証明書を取得するために、職業継続教育を続けようと望む生徒も許可されること[67]」

このように、国際バカロレア・カリキュラムへの説明が明確になり、「IBに対する基本原理は1965年に確立された[68]」とも指摘されるほどである。

こうして、1965年に、6教科構造と共に、CASS（創造活動、美的活動、社会サービス活動）もまた決定された[69]。

ピーターソンも、単純なテストで授業を管理することを何よりも嫌った。バネシュ・ホフマン（Banesh Hoffman）著『テストという暴君』は、「アメリカ的な選択肢問題だけに言えることではない」と指摘していると、ピーターソン自身も注意を促している[70]。

この象徴的なタイトルの文献は、

「人間の能力と潜在力は、現状の手法で満足に測定するには、あまりに複雑で、あまりに多様で、かつまたあまりに相互に分かちがたい[71]」

と指摘していた。

ピーターソンは「集中的な試験準備によって、教育は歪められている」と考えていたのだという指摘もうなずける[72]。国際テストを作ろうとした者たちは、テスト準備のための学力形成には反対していたということだ。だからこそ、教科横断的な能力形成の仕掛けを作り、社会性を育成するために苦慮したのである。

しかし、会議における審議の結果、表2-6のような5教科のカリキュラムが優先的に作成されることになったようだ。その後、国際バカロレア・カリキュラムに移行する過程で6教科群に拡大されていったようである。

また、「国際学校試験協会プログラム」の研究と評価は、オックスフォード大学教育学部と共同で実施されることになった[73]。

●国際バカロレア・カリキュラムの確立

表2-7でカリキュラム開発に関するその後の推移を見ると、言語問題は意外に早く決着し、チームは世界文学を確定する作業に入っている。数学については、作業会議を数多く開催している。表2-7中の知識の理論は、教科カリキュラムを決める過程で持ち上がり、最終段階で確立している。開催地は、英・仏が中心で、アメリカの影響力は小さい。

表2－6　優先的5教科のカリキュラム

言語A	作品集ではなく、著者を選択･限定する。自分のものとは異なる文化の理解を深め、自己自身を世界のコンテクストに位置づけるのを助けるために、ある一定量の世界文学を翻訳で学ぶことも含めるべきだ。
言語B	第2のコミュニケーション手段、国際バカロレアでは重要な要素。「生活･市民」プログラムで、文化面を補充すべきだ。
歴史	現代史の共通部分、志願者が選択する主要地域の歴史、志願者が選ぶ特別な話題に関する個人研究。
地理	地理的な道具を使用する入門、2つの対照をなす国の比較研究。
生物	環境の中の人間という視点で学ぶ。実験活動への入門が重要。

Gérard Renaud. *Experimental period of the International Baccalaureate: objectives and results*. Paris: UNESCO Press, 1974, 10.

欧州評議会の後援を受けて活動していたオックスフォード大学の比較教育研究者ホールズが、関心を示し、カリキュラム開発会議に何回か出席していた。これが、オックスフォードとジュネーブ、オックスフォード大学教育学部長のピーターソンと後の「国際バカロレア機構（IBO）」を結びつけるきっかけとなった。

●教科をつなぐ理論を埋め込む

1965年10月、第2回カリキュラム会議がアトランティク・カレッジにて行われたと言われる。しかし、表2－7には記載されていない。

この会議で、ルノー提案の最初のカリキュラム草案が、アトランティク・カレッジとジュネーヴ国際学校間で了承された、あるいは、最初の包括的概念の合意があったと言われている。しかし、ピーターソンの感触では、当時のアトランティク・カレッジのカリキュラムは「とても風通しの悪い（very close）」ものであったようで、どこまでアトランティク・カレッジ側が理解していたかと疑問を匂わせている。[74]

この会議にて、フランス政府の哲学視学官主任モンジュール・トリック（Monsieur Tric）とルノーとの会談がもたれた。これには、「もっともすばらしいＩＢのイノベーションのひとつが発展した」とピーターソンが評価する。当時、フランスのバカロレアでは哲学が必修科目であったが、フランス政府は「ヨーロッパ・バカロレア」においても哲学を必修科目にすべきだと主張していた。ルノーは、哲学は第３群の一教科にとどめて、全生徒が必修とするのは「知の理論」という限定されたコースであるべきだと彼を説得した(75)。

このようにして、「知の理論」は、フランスのバカロレア試験の必修科目である「哲学」をモデルにしたものだが、一選択教科ではなく全員必修のコースとして考案された。この「知の理論」の提案者は、ルノーであるとされる。

その後、フランスの哲学担当視学官ドレフュース（D. Dreyfus）によって形式が整えられた。

１９６６年のＵＮＥＳＣＯ決議では、「高等教育」の項で、事務総長がオーソライズすることのひとつとして「科目別成績証明書、ディプロマ、単位の比較と認定に関する長期的な計画を追求すること」と指摘している(76)。

また、「教育の研究と情報」の項で、次のような発言が紹介されている。「国際バカロレア標準の確立を促進するために研究などの行為には国際学校協会と協同する必要性を強調した(77)」

こうして、国際的認知を取り付けながら、国際学校試験連盟（ＩＳＥＳ）は、セーブル国際会議を準備した。

●セーブル国際会議

１９６７年２月、セーブルで「国際バカロレア機構（ＩＢＯ）」第１回総会が開催された。会議は３日間

1969	1970	1971	1972	1974
				4 セーヴル
7 ブリュッセル		12 セーヴル		
		3 ジュネーブ		
1 フランクフルト				
6 コペンハーゲン				
4 ジュネーブ			1 セーヴル	
12 オックスフォード		11 ジュネーブ		
4 ジュネーブ	1 ジュネーブ			
4 ジュネーブ			2 オックスフォード	
4 ジュネーブ			4 オックスフォード	
		10 セーヴル		
		10 オックスフォード		1 サンドナ

表2－7　国際バカロレア機構総会とシラバス委員会会議一覧

	1965年	1966	1967	1968
総会	3（月）ジュネーブ		2 セーヴル	
言語	3 ジュネーブ 10 サンドナ	9 セーヴル		
世界文学			11 サンドナ	
生活・市民				
古典語		6 ジュネーブ		
歴史	3 ジュネーブ	3 ジュネーブ		3 ロンドン 9 ロンドン
地理	3 ジュネーブ	5 ジュネーブ	6 ジュネーブ	10 ジュネーブ
経済			5 オックスフォード	
哲学		9 セーヴル	5 パリ	
心理				3 ジュネーブ
人類学			12 ニユーヨーク 12 オックスフォード	
物理	9 ジュネーブ	4 ジュネーブ	10 ジュネーブ	
化学		6 ジュネーブ		12 オックスフォード
生物	3 ジュネーブ		12 ニユーヨーク 12 ジュネーブ	
自然科学			4 ジュネーブ	
諸科学			12 オックスフォード	
科学全般			10 ジュネーブ	
数学	3 ジュネーブ 10 ジュネーブ	3 ジュネーブ	10 ジュネーブ	10 セーヴル
彫塑			9 セーヴル	
音楽				7 オックスフォード
知識の理論				

Gérard Renaud. *Experimental period of the International Baccalaureate: objectives and results.* Paris: UNESCO Press, 1974, 56-57.

続いた。出席者は、国際試験協会（Council）、試験委員会（Examining Board）、11カ国から教育・評価の専門家、国立の試験団体の主任、国際機構・団体からのコンサルタントだった。

会議の参加国は、米、英、仏、独、スイス、ベルギー、スウェーデン、ポーランド、ブルガリア、インド、カメルーンなど。オブザーバーは、UNESCO、欧州評議会、フランスバカロレア事務局、英国オックスフォード・ケンブリッジ大学入試委員会（GCE委員会）、アメリカのカレッジボード（大学入試委員会、CEEB）の単位認定関係者、など。

英仏2カ国語によるカリキュラム、シラバス、試験問題例が提起され、1969〜1975年の6年間の実験期間の設定、導入用の規則とシラバス（initial regulations and syllabuses）が採択された[78]。ここに至ってようやく実行可能なカリキュラム、シラバス、ルールがそろったことになる。このことは、「プロジェクトは、後期中等教育への新しい対応の可能性を表明し始めた[79]」と表現されている。

同時にまた、この1967年、IBカリキュラム委員会（IB curriculum conference）にて「知の理論」の導入が決定されている。フランス教育省は、哲学を必須科目としていないバカロレアには同意しなかった。アングロ・サクソン諸国は、哲学は大学レベルの科目だと主張した。このコースの特徴は、「異なる分野の知識との結合を開拓する」「生徒の経験を批判的に省察するよう生徒を励ます」「IBディプロマに、統合し、省察する、科目横断的な科目を提供する[80]」ものだと評価されている。

会議では、IB側と、UNIS（国連国際学校）側とが意見対立した。IB側は、学術カリキュラムを主体にして、ディプロマ取得と個別教科取得証明とを分けることで多様化を図った。

UNIS側は、それは「有名校エリート（'super-college-bound' élite）」を作り出すことになると批判し、

「能力がきわめて制限された」生徒のために実務的で「生活志向の」プログラムが必要だと主張した。

アレック・ピーターソンは、高度レベルと標準レベルを分けること、芸術や職業系の教科も選択できると反論した。また、外国に住む家族や、第三世界からの生徒たちは、ヨーロッパや北米の大学に入学することを目標にするだろうと考えていた(81)。

●ヨーロッパと北米の違い

生徒全員に共通の普通教育と、総合大学に入学するための学術的な授業との関係は、北米の学校の意向を考えると簡単には解決が付かなかった。それればかりか、大学の一般教育を巡るヨーロッパと北米の制度的なずれが、この時のアレック・ピーターソンに強く意識されることになった。北米では、大学教育の大衆化の波が第二次世界大戦直前にすでに始まっていたのである。そして、1960年代の米国では、単位認定制度（Advanced Placement: AP）が開発されつつあった。

一般教育を学習時間の4分の1から3分の1は確保するとか、授業時間の5分の1を個人学習や宿題とするとしても、重要な試験で測定されなければ、どの学校もどの個人もあまり努力を払わないだろうとピーターソンには予想できた。

さらに、ダニエル・ベル著『一般教育の改革』（1966年）によれば、北米では中等教育と高等教育の両方に一般教育が設定されていて、ヨーロッパとは違った解釈がなされていることがはっきりする。両方の一般教育は、後期中等教育であるはずのカレッジは一般教育を「深める」コースと大学の一般教育として「認定する」コース、いわゆる「単位先取り」の意味があることに、アレック・ピーターソンは気づいた。後期中等教育は多様化し、その上で北米では一般教育も18歳から21歳まで置かれていて、「より個人的な成熟」に対応し、諸能力が発達するように仕向けられていることが分かった[82]。

「ダニエル・ベルの専門化を『くぐった』一般教育という目標は、実現可能なものになってきている[83]」とピーターソンは判断したのである。

●国際バカロレア機構設立

国際学校試験連盟（ISES）は改組され、国際バカロレア機構（IBO）事務局がジュネーブに開設されることが決まる。また、ピーターソンの指導の下にオックスフォード大学に国際バカロレア事務局付属「国際バカロレア機構研究センター」が設置され、「国際到達度評価学会（IEA）」や「カリキュラムと試験の評価に関するオックスフォード大学・欧州評議会合同研究（OCESECE）」との研究協力が開始されることになった。

同研究センターは、オックスフォード大学教育学部に所属し、センターの課題は、次のように規定されている[34]。

「（1）国際バカロレア試験の認可をとる
（2）現行の教育課程とシラバスを調査する
（3）新テスト技術を開発し調査する
（4）高等教育への入学に関する代替的調査方法を開発する
（5）国際中等学校最終2学年用に新しいコースと教育課程を革新し評価する

（6）中等教育のこの分野で比較研究を行う」

文中の認可とは、国または個々の大学から入学試験として採用されるということである。

このように、理論面ではオックスフォード大学など権威ある研究機関と結びついて、財政面ではUNESCO、「20世紀基金」（後に「21世紀基金」）、「フォード財団」の資金を受けて、プログラム開発を行うことになった。

フォード財団は、国際的な大学入試の可能性を探る3年間のプロジェクトに30万ドルを拠出しており、この時から、国際バカロレアは遠い光景ではなくなって、実践的なプロジェクトと見られ始めたようだ。この時のフォード財団のコンサルタントはフランク・ボールズとラルフ・タイラーであった。

IBOからIBへの改名後、アレック・ピーターソンは「国際バカロレア事務局長」となった。しかし、彼は、在外研究期間を終えて、オックスフォードに戻ることになる。その代わりに、ルノーをジュネーブ国際学校、国際バカロレア事務局に残す。

その当時、国際バカロレア機構が直面していた課題は、ピーターソンによれば次のようになる。

「（a）国際学校の教育のニーズと理念に適合し、同時に多くの異なる国の大学に受け入れられるような教育課程（programmes）が作り出せるか。

（b）この教育課程を試験する合意される方法と、国際的に受け入れられる試験官は見つかるのか。

（c）この2つの条件を考慮しながら、国際バカロレアの国際的認知を確実にするためにもっともよく交渉をするにはどのようにするか。

（d）大学入学への子どものチャンスに関する親の心配を知っていて、「実験」に使われるのではないかと気が進まない有名校を十分に、国際バカロレアのために国の試験を捨てることを説得できるのか。
（e）どのように国際バカロレアの財政をまかなうか。[85]」

●国際バカロレアの米国内受け入れ

1967年、フランス政府主催でUNESCO会議が開催される。試験の多様な設問スタイルの研究と、ルノーが提起した「イノベイティブな構造（innovative structure）[86]」、すなわち学校教育の根本的な改革を導くには、異なる知識における「思考の主要モデル」の研究が「最高の共通項」になっていった[87]。翌1968年、基本規程、議事規則が設けられ、「国際バカロレア機構（IBO）」が正式に発足し、ピーターソンが初代代表に就任し、スイス政府が非営利教育団体として認可される。IBプログラムと呼ばれる「中等教育修了プログラム（DP）」が、6カ国、7校で実施される。また、欧州評議会、OECD、UNESCO教育計画研究所などの諸国際機関、国家機関との間で情報交換ネットワークが形成されることになった。

この1968年は、ニューヨークの国連国際学校（UNIS）が後期中等教育のカリキュラム全体を国際バカロレアへの準備にあてると決めた年で、結果的に米国国内で最初の国家試験離脱者となった。国連国際学校は、1968年までに、全加盟校の中でもっとも国際的な学校となっていた。79カ国から844名の生徒が集まり、25カ国出身の78名の教師が教えていたという[88]。研究者によると、次のように指摘されている。

表2－8　歴代国際バカロレア機構代表（IB Directors General）

就任年	氏　名
1968–77	アレック·ピーターソン（Alec Peterson）
1977–83	ジェラード·ルノー（Gérard Renaud）
1983–98	ロジャー·ピール（Roger Peel）
1998–99	デレク·ブラックマン（Derek Blackman）
1999–2005	ジョージ·ウオーカー（George Walker）
2006–2013	ジェフリー·バード（Jeffrey Beard）
2014-	シバ·クマリ（Siva Kumari）

「親の大多数は国連職員で、国際連合憲章、ならびに成績読み替え交渉をしなくても世界規模の大学入試の役目を果たす『標準テスト』という両者の諸原則を反映した共通カリキュラムを要求していた。シラバスの国際性は、親の熱意に沿っていた」

「米国の分権的な制度は、認可された学校が独自の教育課程を企画する大きな自由を与えていた。ＩＢカリキュラムの様式は、学術的な卓越性という名声のある学校には期待される、カレッジに要請されるある種の準備プログラムと互換されるものであった。国連国際学校は、ＩＢの新試行の実験室として最高の位置にあった[89]」

●国際バカロレアの本試験

１９６９年には、ディプロマ取得の証明を与える公的な参考試験として、国際バカロレア試験は実施された。この参考試験には６５０名の志願者が集まった。この時には、科目別成績証明書は公的に裏付けされなかった。

だが、この年、「欧州原子核研究機構（ＣＥＲＮ）」所長のハンプトン（Hampton）が、将来この研究機関に勤務することになる研究者家族に対して、「多国籍学校」を建設するためのアドバイスを「国際バカロレア機構研究センター」に求めてきた。これに応えて、国際バカロレア機構は、翌

1970年に、『CERNⅡ国際学校の理論モデルデザイン』なる提案を送付した[90]。

このように、拡大する国際機関の要請で、国を越える大学入学資格試験が必要になっていたのである。そして、ついに、1970年に、国際バカロレア試験が正式に開始されることになる。国連国際学校は、この最初の試験から参加している。1962年の試行試験から8年の歳月が経っていた。

国際バカロレア機構は各国政府や大学と交渉し、表2－9のような対応表を作成し、『国際バカロレア案内』の中に掲載した。また、諸規則や、セーブル会議で提案された後に各教科会議で修正されたシラバスも収録されていた[91]。

●出発時点での国際バカロレアの特徴

正式な国際バカロレア試験の開始時点で、最初の公式IBディプロマガイド[101]が発行された。同時にまた、政策文書が8ページのパンフレットとして発行されている。

このパンフレットでは、「全人」の形成（formation of the whole man）を目的とすることが強調されている。この全人という概念は、後に女性差別撤廃運動の影響を受けて、whole person と言い換えられている。ジェラード・ルノーは次のように説明して、後期中等教育の段階では過度の専門化を避け、一般的能力、多様で調和のとれた能力の形成が重要であると次のように訴えている。

「本システムの主要原理は、柔軟であることと、早期で過度の専門化は好ましくないと見なすことができるだろう」

「人間の教育は、この『全人』を発達させるという方向で行われるのだが、他の学校の学修様式ではしば

表2－9　1970年の対応表(List of equivalences published in the first edition of the *General Guide*)

国　名	対応する大学
オーストラリア	制限なし（No restriction. 全大学）
ブルガリア	University of Sofia
カナダ	Alberta, Manitoba, McGill, Montreal, Simon Fraser, Toronto, Victoria, Winnipeg を含むほとんどの主要大学
デンマーク	制限なし
アイルランド	Trinity College; Dublin
フィンランド	University of Helsinki
フランス	フランス在住の外国人およびフランス市民、海外在住の外国人
ドイツ共和国（西ドイツ）	学校代表者会議からドイツ教育省付属機関に全住民の適用を勧告
インド	University of Bombay, University of Delhi
イスラエル	Hebrew University of Jerusalem
マルタ	当該資格のあるマルタ学生の受け入れは、現在保証されている
オランダ	制限なし
ニュージーランド	制限なし
ノルウェー	制限なし
スペイン	University of Salamanca
スウェーデン	制限なし
スイス	University of Geneva, University of Lausanne, University of St. Gall, University of Zürich. ただし、スイス在住のスイス国民、および医学部と薬学部を除く。実際には、ジュネーブ大学へは、国際バカロレアを取得したスイス国籍の生徒の入学を許可している。
英国のイングランドとウェールズ	全総合大学（University）とOxford、Cambridge を含む全専門大学（College）
英国のスコットランド	国際バカロレア資格を有する志願者は、スコットランド大学入学委員会のアドバイスを受けること。特典が考慮される。
英国の北アイルランド	Queen's University Belfast
米国	Columbia University, Cornell University, Harvard University, Johns Hopkins University, MIT, New York University, Princeton University, Stanford University, Tufts University, University of Michigan, University Pennsylvania, University of Yale. 米国大学入試単位認定（College Board-Advanced Placement）もしくはフランス・バカロレアと置き換えられる。

Gérard Renaud. *Experimental period of the International Baccalaureate: objectives and results*. Paris: UNESCO Press, 1974, 60.

しば軽視されている[92]」

「発足当初のプロジェクトから、学術的（アカデミック）『分類』として伝統的に認められてきた特定の科目に対して、特別な地位を与えてこなかった。すべての教科は、平等に扱われる。すなわち、全教科が、生徒の興味と能力に応じて、また各人の可能性を発達させるチャンスを与えながら、『高レベル』でより深く学べるようになっている[93]」

国際バカロレア試験では、科目別に成績が出てくることになる。しかし、国際バカロレア機構は、科目別成績証明書を発行するだけではなく、ＩＢディプロマの取得も証明する。前者は北米流で、後者はヨーロッパ流と表現してもよいかもしれない。国際バカロレア試験が、ヨーロッパの中等教育修了資格試験と同等のものとして出発したからにほかならない。すなわち、高等教育に進むべき人間をトータルに把握しようとする視点を欠かさなかった。ここが、国際バカロレアの教育システムの魅力的な特徴、教育的に意義ある特質なのである。

●ユネスコ主催「カリキュラム開発と評価のセミナー」

１９７１年のこと、ＵＮＥＳＣＯは、米国からカリキュラム開発で著名な研究者、ラルフ・タイラーをパリに招いて、「カリキュラム開発と評価のための上級トレーニングセミナー」が開催された。議長は、ラルフ・タイラーの教え子で同僚のブルームであった。また、開催費用は、フォード財団が受け持った。スウェーデン、ノルウェー、スペイン、イングランド、オランダ、ケニア、ザンビア、ナイジェリア、アルゼンチン、コロンビアなど16カ国から、それぞれ６人が参加した。

ラルフ・タイラーの対応は、「カリキュラムの考察で、増加している国際的合意を呼びかけるもの」であったと、教育交流史の研究者は分析している[94]。

セミナーの準備は、スウェーデン人で、ストックホルム大学の教育学部教授トールステン・フセーン（Torsten Husén）が担った。フセーンは、米国からカリキュラム理論およびその測定法を学び、1958年に「国際教育到達度評価学会（IEA）」の立ち上げに参加していた。

ラルフ・タイラーは、ドイツからの参加者をぜひとも期待していたが、それは叶わなかった。結局、講師側のスタッフは、その3分の2が米国人であった[95]。

●職業科目の拡大

1971年から1972年にかけて、「国際バカロレア機構試験委員会」は、技術・職業コースを教育課程に入れることを提起した[96]。

多くの調査と議論が起こされ、試験枠の中に「第6科目」が導入されることになる。科目別成績証明書があれば、ディプロマ取得を望まない生徒にも、研究大学ではなく、様々な形で継続教育を保証する手段となった[97]。

1972年になると、エドガー・フォール委員会はUNESCOに『未来への学習（Learning to be、人となる学習）』なる報告書を提出した。これは、1968年10月に遡ることになるが、UNESCO総会で1970年を国連「国際教育年」とすることが提案されていた。国際教育年の翌年、1971年にユネスコは、教育制度の抜本的な改革を行う目的で、「教育開発国際委員会（International Commission on the

Development of Education)」を発足させている。

委員長はフランスの元教育大臣エドガー・フォール（Edgar Faure）があたった。この報告書が『未来の学習』（1972年）である。この報告書が「学習社会（learning society）」という概念を用いたことで、「生涯教育」から「生涯学習」へ、より主体性を強調するように教育の概念転換が起きている。この発想は、国際バカロレアと一致する立場である。

他方で、国際バカロレア機構試験委員会は、開発途上国の学校が公的に維持されることを望み、国際的にいくつかの働きかけをしていた。この結果、1972年から1973年にかけて、マルタとモーリシャスは、既存のシステムに換えてIBプログラムの採用を決めた。(98)

●国際バカロレア・カリキュラムの手直し

1974年4月、フランス政府の招きで、セーブルにおいて、「国際バカロレア機構」第2回総会が開催される。21の国と国際機関から34人の代表と、国際バカロレア機構から10カ国30人、合計64人が参加した（23カ国から63人の代表との記述もある）。会議では、国際バカロレア試験の継続を決めた。

試験内容については、6教科のシラバスは、すべて試験されることとされた。教科に加え、2つの重要な要素が加えられた。すなわち、国際バカロレアのディプロマの志願者は、

「（a）ひとつ以上の芸術部門の授業を受けること。
（b）知の理論というコースを受けること。
（c）ディプロマの付記で示されているように、身体活動と社会活動もまた重視されること。(99)」

というものである。

こうして、国際バカロレア機構は、科目横断的な能力の育成に本格的に取り組んでいくことになる。また、国際バカロレア試験以外の評価は、各学校に任せてあったのだが、この場合も、「異なるタイプの評価で補完する」という表現で、各学校が多様な方法で生徒の能力を評価するように、国際バカロレア機構は促している[100]。

「これに加えて、国際バカロレア機構は、可能ならどこでも、志願者のコンピテンスが異なる視点から評価できるように、同一教科に対して多様で補完的なテストを作り上げてきた[110]」

このようにルノーは歴史を振り返っている。

そもそも、試験の方法も国によって異なっていた。課題文の要約となる短文を選択させるという「要約文選択」を求める方式は英国で好まれ、選択肢とか短答テストは米国の実践を反映していて、深い文章分析や口頭試験はフランスで伝統的に使用されている。そこで、国際バカロレアの授業では、評価に、人文学では課題コース・ワークを、自然科学では実験室試験を、また個人の美術ポートフォリオ（作品集）の作成なども含むことにした。しかし、このような多様な方法は一貫性のなさ、実際のコミュニケーションの困難さ、コスト高、統制困難、学校管理者にはフラストレーションの原因となるとも指摘されている[101]。

●IB組織の維持への努力と北米における急速な拡大

セーブル会議では、IBは独立組織から複数政府の共同運営組織とするか、UNESCOの内部機関とすることを試みることになった。

表2－10　高等教育への入学に国際バカロレアを認めている国と大学(1974年春段階)

国名	対応する大学
エジプト*	全大学（All Universities)
アルゼンチン*	全大学
オーストラリア	全大学
オーストリア*	全大学
ベルギー*	全大学
ブラジル*	全大学
ブルガリア	University of Sofia
カナダ	全大学
デンマーク	全大学
アイルランド	University College; Dublin, University of Dublin, Trinity College
エクアドル*	全大学
ドイツ共和国	外国人および外国在住のドイツ人生徒
フィンランド	University of Helsinki
フランス	外国人、海外在住のフランス人生徒
ガーナ*	University of Ghana
香港*	University of Hong Kong
インド	全大学
イラン*	全大学
イスラエル	Hebrew University of Jerusalem, University of Bar-Ilan, University of Negev, University of Tel-Aviv
イタリア*	全大学
マレーシア*	University of Malaya
マルタ	The Royal University of Malta
オランダ	全大学
ニュージーランド	全大学
ナイジェリア*	Ahmadu Bello University; Zaria, University of Ibadan, University of Lagos
ノルウェー	全大学
フィリピン*	全大学
シンガポール*	University of Singapore
スペイン	全大学
スリ・ランカ	全大学
スウェーデン	全大学
スイス	University of Fribourg（一部の学部）, University of Geneva, University of Lausanne
トルコ*	全大学
英国	全大学、Oxford、Cambridge の全専門大学（College）を含む
米国	Berkeley University, Columbia University, Cornell University, Harvard University, Johns Hopkins University, Michigan University, MIT, New York University, Pennsylvania University, Princeton University, Stanford University, Tufts University, Wisconsin University, Yale University. 米国大学入試単位認定（Basic Education Certificate Examination）もしくはフランス・バカロレアと置き換えられる。
ウルグアイ*	全大学
ヴェネズエラ*	全大学

Gérard Renaud. *Experimental period of the International Baccalaureate: objectives and results.* Paris: UNESCO Press, 1974, 60.
*印は、1970年には未参加のもの

表2－11　国際バカロレア試験実施当初の志願者数・合格者数等

実施年	志願者	国 数	ディプロマ志願者	ディプロマ取得者	科目別成績証明書志願者	ディプロマ・証明合格率
1970	312	49	29	20	283	69.4
1971	601	50	76	54	525	71.7
1972	631	57	151	96	480	74.9
1973	840	65	311	236	529	75.9
1974	1050	72	413		650	

Gérard Renaud. *Experimental period of the International Baccalaureate: objectives and results.* Paris: UNESCO Press, 1974, 16.

１９７４年11月、ＵＮＥＳＣＯ第18回総会において、『国際理解、国際協力及び国際平和のための教育並びに人権及び基本的自由についての教育に関する勧告』が決議される。

ＩＢのＵＮＥＳＣＯ内部機関化は実現できなかった[102]。

結局、ＩＢ組織の存続を救ったのは、各国政府参加と北米における認定校拡大であった。国際バカロレア機構の年報を分析したアンナ・ハーン（Anna M. Hahn）によると、個人会員の国別参加回数は、発足当初はスイスが1位であったが、１９８６年にはついに米国が1位になったという。また、表2－13のように、１９７８-１９９８年の期間では日本政府の参入が目立つ。

１９７５年になると、ニューヨークにて、「北米国際バカロレア（International Baccalarueate North America: IBNA）」を非営利組織として認可を求める動きが出てきた。この団体が設立されると、独自の資金を持ち、教員研修など独自のサービスを行いながら、北米における国際バカロレア加盟校が急増していくことになった。しかし、これまでの開拓の歴史がある「国際バカロレア機構（ＩＢＯ）」と未知の土地と人脈で開拓を始めた「北米国際バカロレア（ＩＢＮＡ）」との関係は簡単ではなく、その調整に指導者たちは苦慮したようである[103]。事実、10年後の展開に目を移せば、

表2－12　1974年当時のシラバスの枠組み（syllabus framework）

言語A language A	母語あるいは教授言語
言語B language B	第一外国語
人間研究 study of man	オプションとして、歴史、地理、経済、哲学、社会人間学（social anthropology）、心理学
実験科学 experimental sciences	オプションとして、物理、化学、生物学、自然科学（physical science）、科学研究（scientific studies）
数学	
第6群 sixth subject	第二言語A、第二言語B、古典語、第二·第三欄から第二科目、発展数学、彫塑、音楽、国際バカロレア機構に認可された学校別特別シラバス（a shcool's special syllabus approved by IBO）

Gérard Renaud. *Experimental period of the International Baccalaureate: objectives and results.* Paris: UNESCO Press, 1974, 34.

「北米国際バカロレア（ＩＢＮＡ）」は資金力があり、本部である「国際バカロレア機構（ＩＢＯ）」に資金提供するという逆転現象が起きていくからである。

１９７６年には、オランダ政府の主催で、ハーグにて、15カ国の文部大臣・閣僚が集まり第1回政府間会議が開催される。各国政府が、国際バカロレア事務局に対して、精神的、財政的支援を行うことが決議される。多数の国で活動を展開するには、資金不足だったのである。試験組織移管を打診されたＵＮＥＳＣＯは、活動維持のための組織引き継ぎを拒否していた。アレック・ピーターソンは、ＩＢ学校に対して１９７６年の5月に書簡を送っている。それは、１９７７年度中に13万ドルの追加収入があると１９７６年7月15日までに確定しなければ試験の継続はできないという内容であった。校長たちからは学校にとって教育の死活問題だとの抗議が来た[104]。

また、１９７７年には、ＩＢ試験では、「言語A」で24言語、「言語B」では29言語を扱っていた[105]。

１９７７年のこと、ニューヨークのフランシス・ルイス（Francis Lewis in the Borough of Queens）学校がＩＢクラス（IB track）の導

表2－13　政府代表者会議および学校代表者会議への参加上位４カ国の国名と参加回数比率

	1968-1976年		1978-1998年					
	国名	個人会員参加回数比率	国名	個人会員参加回数比率	国名	学校代表者参加回数比率	国名	政府代表者参加回数比率
1	スイス	25.70%	米国	23.8	米国	16.8	日本	11.8
2	フランス	13.4	スイス	14	英国	8.7	フランス	10.7
3	英国	8.7	英国	11.1	フランス	8.1	スイス	9.5
4	米国	8.3	フランス	9.9	日本	5.8	スペイン	8.3

Anna M. Hahn. What Discursive Practices Can Reveal about "Being" Global. In Iveta Silova and Daphne P. Hobson (eds) *Globalizing Minds Rhetoric and Realities in International Schools*. Charlotte, NC: Information age Publishing Inc., 2014, 293-294.

入を決める。これが、北米で最初の公立高校への適用である。

1978年には、ロンドンにて、第2回政府間会議が開催され、ハーグ勧告が拡大され、「国際バカロレアのための常設の政府間会議[116]」が設けられることになった。

1970年代後半から1980年代前半にかけて起きてきたことは、表2－14のように、国際バカロレアに対し北米の加盟校が急速に増大し、ヨーロッパを追い越してついに世界の過半数を占めるに至ったことである。

当時の様子は、国連国際学校に子どもを入学させた日本人の母親が調べたところでは、

「アメリカの幾つかの大学、たとえば、ブラウン、コロンビア、ハーヴァード、プリンストン、バッサー、イエールなどの大学では、このI・Bコース取得者は一年の課程をすでに終了したものとみなしている。つまり入学と同時に二年に編入できることになっている。カナダおよびヨーロッパでもほとんどの大学がこの二年編入を認めている。これからますます国際化していく国の間で、次の世代をになう子どもたちの教育を考える時、このようなI・Bのシステムはもっと注目されてもいいのではないかと思う[107]」

表2－14　IB認定校数の推移

	アジア	アフリカ	ヨーロッパ	北米
1977年	9	3	29	10
1978	9	5	37	19
1979	14	4	41	24
1980	17	5	42	40（カナダ12）
1982	21	6	57	65（カナダ22）
1984	27	10	66	126（カナダ36）

A.D.C. Peterson. *Schools Across Frontiers: The Story of the International Baccalaureate and the United World Colleges*. La Salle, Illinois: Open Court, 1987, 131.

と主張している。

●1980年代の教育政策との関わり

1980年に、「国際バカロレアのための常設の政府間会議」が開催され、加盟国は19であった。1980年代になると、目はアジアに向けられた。1980年には、国際バカロレア機構はシンガポールでセミナーを開催している。

というのも、1980年米国ニュージャージー州プリンストンで行われたIB校長会議において、当時国際バカロレア機構総長であったアレック・ピーターソン自身が、「知の理論」をディプロマ・カリキュラムの「要（linchpin）」にすべきだと強調した。しかし、出席者の中からは、「知の理論」は知識に関する西欧的な理解であって、東洋的思考方法を取り入れるべきではないかと疑問が出された。ところが哲学担当のIB試験官のある人物が、東洋哲学は哲学ではないから「知の理論」の中で扱う余地はないといって議論を遮ったという[108]。

翌1981年2月には、ベルギー教育大臣主催で、ブリュッセルにて、国際バカロレア機構の第3回「政府間会議（inter-governmental conference）」が開催されている。参加国は、ベルギー、コートジボアール、マレーシ

表2－15　1981年時点のカリキュラム

		科目
第1群	A言語（第一言語、一般に生徒の母語あるいは学校が所在する国の国語。北米ではほぼすべて英語）	少なくとも2言語から翻訳された国際文学の学習を含む
第2群	B言語（第二現代語、言語の文化的コンテクストと歴史的コンテクストで同一の深さと広さを求めないA言語）	あるいはA言語と同一レベルの第二言語
第3群	人間研究（StudyofMan）ひとつ選択	a. 歴史、b. 地理、c. 経済学、d. 哲学、e. 心理学、f. 社会人類学、g. ビジネス研究
第4群	実験、科学ひとつ選択	a. 生物、b. 化学、c. 物理、d. 自然科学
第5群	数学	数学
第6群	ひとつ選択	a. 彫塑、b. 音楽、c. 古典語、d. 2つ目のB言語、e. グループ3、4、5の追加、f. IB学校が開発した特別シラバス、g. コンピュータ研究

Restoring a Challenge to Secondary Education: The International Baccalaureate Programm. New York: IBNA, 1918, 2-3. In Elisabeth Fox. International Schools and the International Baccalaureate. *Harvard Educational Review*, Vol.55, No.1, February 1985, 58-59.

ア、オランダ、ナイジェリア、スーダンからは教育大臣が、オーストラリア、ブラジル、カナダ、デンマーク、西ドイツ、フィンランド、フランス、イラク、アイルランド、イタリア、日本、メキシコ、モロッコ、ノルウェー、ポーランド、ポルトガル、セネガル、セーシェル、スペイン、スウェーデン、スイス、英国、米国、ベネズエラからは政府代表が、ブリティッシュ・カウンシル（British Council）、英連邦書記局（Commonwealth Secretariat）、欧州経済共同体（EEC）からはオブザーバーとして参加があった。19政府が常設委員会を形成することになり、IBO理事会（IBO Council）に、ベルギー、カナダ、デンマーク、フランス、オランダ、日本、スーダン、英国が選出された[109]。

１９８１年には、国際バカロレア機構試験委員会は、言語分野を除いて、ロンドン大学教育学部内に移転した。

1982年には、国際バカロレアの国際会議が初めてアジアで開催されることになり、教育内容の欧州傾倒が指摘され始めたと、研究者は指摘している。

「1980年代に入ると、国連国際学校のような、大規模に多文化の生徒たちを抱える学校から、……IBは『ヨーロッパ中心』だと感じられ始めた」

「いくつかの教科にある『ヨーロッパ偏重』を是正する提案が出てきて、1982年に認められた。1982年には、筑波大学において日本政府が主催して、国際バカロレア機構の主要科目会議が開催された。これは、多様な次元のIBに日本が興味を示しているという兆候である」[110]

ところが、1983年には、IBOが資金難に陥った。北米国際バカロレア（IBNA）から、3万ドルの資金提供があったという。

レーガン政権では、報告書『危機に立つ国家』（1983年）が刊行されている。同報告書が描いた後期中等教育改革案には、5教科のうち2教科は高レベルなものにする組み方があって、IBの6教科のうち3教科が高レベルというものに近いとアレック・ピーターソンは指摘する。

しかし米国では、IBが掲げる知の理論、創造性・活動・奉仕（CASS）、課題論文は特別視されず、評価されない「一般学習」として扱われ、伝統教科の4分の1から3分の1の時間数しか配当されていないと分析していた。[111]

この1983年には、もうひとつの重要な教育報告書が出された。前米内務省教育局長で教育向上カーネギー財団総裁のボイヤー（Ernest L. Boyer）が報告書を作成したもので、成績優秀の生徒には高校において大学レベルの授業を受けることに関心を示した。その場合、統一試験の証明があれば、教科の試験から離脱することを許可する方法が考えられていた。報告書ではこの記述に続けて、英才生徒向けのもうひとつの形態として、国際バカロレアが評価されている。とりわけ「知の理論」に、報告書は注目している。[112]米国では、国際理解や国際性を育てるというよりも、成績優秀者のための学校教育として国際バカロレア・カリキュラムが注目されることになる。

１９８４年になると、１９８４／85年度の国際バカロレア機構（ＩＢＯ）の収入は、受験料（examination fees）が２７・０％、学校分担金（school subscriptions）が５１・５％、政府分担金（government contributions）が１０・３％という具合であった。加盟校が増えたことで、ある程度の安定が見込まれるようになった。[113]また、国際バカロレア機構（ＩＢＯ）協議会には、27カ国が参加するまでに拡大した。[114]

この年、１９８４年には、国際バカロレア機構試験委員会は、全分野がバース大学の一角に移転した。参加校が増えて試験規模が拡大したことでロンドンの事務所が手狭になっていた時に、バース大学が国際教育研究の場所を提供したからである。

１９８５年10月には、トリエステにおいて、国際バカロレア機構の第４回「政府間会議」が開催されている。

●米国の高大接続・単位認定制度

米国では、単位認定制度（ＡＰ）が１９６０年代に開発された。しかし、実際に動き始めたのは、１９８０年代のことのようだ。『危機に立つ国家』が出版された翌年の１９８４年、ミネソタ州において、学校選択の自由を認める法案が提起されている。この法案自体は激烈な討論の結果廃案になるのだが、法案の個別条項が生き残り、「高校3年生と4年生が州教育資金を受け取って、大学に行って二重単位を取りながら、高校も卒業できるようにした」「突然、ミネソタ州の公立学校に通う16～17歳の生徒にひとつの選択肢ができた」[115]という。

米国で、ネオリベラル（新自由主義）の教育論が一連のセットになって連邦レベルで提起されるのは、1989年のシャーロッツヴィル（Charlottesville）の「教育サミット（Education Summit）」であると言われるので、米国の教育史ではこのあたりに二重単位の制度が普及したと思われる。そして、この二重単位こそが、北米で国際バカロレアが拡大する絶好の優位を提供することになる。

●知の理論を評価に取り込む

国際バカロレア機構は、知の理論の性格付けを明確にし、知の理論をIBディプロマの評価に組み込むことによって、教育の質の向上を図ろうとした。1985年には国際バカロレア規約が改定され、『国際バカロレア案内（General Guide）』第5版、『科目用指導書（Subject Guide）』など新規定が決定した。[116]

国際バカロレア・カリキュラムについても、1985年の改訂で大きな変化が訪れた。「知の理論」については、科目の性格を明記し、「哲学」に傾斜することを避けるように努めている。[117]

とりわけ大きな変更は、知の理論は、「このコースは学校の内部で評価を受け、外部で調整される」という表現で、教科ではないがコースとしてIBディプロマの成績に反映されることになったことだ。「よくできる」「きわめてよくできる」はディプロマの得点にボーナス点を付ける。「できる」は、教科の得点どおりにディプロマの判定がなされる。「不足する」という評価は、ディプロマ総得点から1点を減点するが、ディプロマの合否判定はそのままとする。「とりかかれなかった」「完成できなかった」は、ディプロマの判定を取り止める。[118] このような、総合得点に加算されるような扱いになったのである。
この1985年に改訂された教育課程は、1987年の試験から適用されることになった。
1988年には、1960年代にロンドン大学教育学部に在職し、国際バカロレア試験委員会委員長の職にあったジェフ・トンプソン（Jeff Thompson）が、ロンドン大学におけるセミナーで、IBカリキュラムの枠組みを6角形で図示した。[119]
1989年になると、CASSは、3領域が同等に評価される「創造性・行動・奉仕（CAS）」となったと説明されている。名称から「社会的」という用語が削除され、新しい略語ではSが一つ少なく表記されることになった。この変更について、国際バカロレア機構は、「それは、学校によっては、様々な理由で地域社会と交流できないからです」と説明している。また、その扱いについて「1990年代初頭には、CASの十分な実現がディプロマ取得の条件になりました」と述べている。[120]
だが、この改訂は、それほど徹底していないようだ。次の文書のように、2012年でもCASSという用語が使用されているからである。
「IBディプロマ志願者は、『知の理論』コースを完了し、課題研究論文（extended research essay）を書き、創造活動、美的活動、社会サービス活動（CASS）に年150時間参加しなければならない」[121]
1989年には、事業の拡大によって、英国の国際バカロレア機構関連の事務所がカーディフに移転した。2001年には、市内の3階建てのビルに移転している。このスペースの飛躍的増大が、テストを実施するスーパバイザー育成の場となり、「IB、MYP（中等プログラム）、PYP（初等プログラム）のカリキュラムと評価のツール、営業と財政、人材、ICTを開発する研究所、出版所[122]」になったのである。

●国際学校から国内学校へ

1990年には、国際バカロレア・カリキュラムを使用する学校は、70カ国に290校あり、6万人の生徒が在籍するまでになっている[123]。

この年、カーディフに国際バカロレア試験本部（examination office）が開設される。

また、同年5月には、国際バカロレア機構と欧州学校が会議をもち、中等学校のカリキュラムにより多くの国際的要素を導入すること、ヨーロッパのある国の中等教育制度から別の国のより高度な試験制度に乗り換える場合に生徒の移動を改善することなどを話し合った。

国際バカロレアの目的は、国際理解と、生徒の移動を促進することであった。ところが、1989年11月にはベルリンの壁が崩壊し、東西冷戦が終結すると共にグローバル時代の幕が開き、1990年あたりからはこれまでなかったような効用が国際バカロレアに認められるようになってきている。

「国際バカロレアは、各国の教育省によって、いくつかの国の公立学校において限定的に利用されている。国民教育制度内で国際バカロレアの発展の妥当性と可能性が、現在、認められるようになってきている[124]」

この動きは、とりわけソ連が崩壊した1992年以降、加速した。

1990年時点での説明では、以下のようになっている。カリキュラムは6教科グループで構成され、IBディプロマを取得するには6教科グループすべてにわたり、どれかの科目に合格しなければならない。

しかし、国際バカロレア試験では、1科目だけの受験も可能である。国際バカロレア機構（IBO）の

表2－16　1990年時点のカリキュラムと試験

教　科		試験科目
第1グループ	A言語（第一言語）	国際文学から選択学習
第2グループ	B言語（第二言語）	第二言語
第3グループ	社会における人間研究	歴史、地理、経済学、哲学、心理学、社会人類学、組織・管理研究（Organization and Management Studies）
第4グループ	実験科学	生物、化学、応用化学、物理、身体科学、環境システム
第5グループ	数学	数学、数学研究、高等数学
第6グループ	ひとつ選択	(a) 美術・デザイン、音楽、ラテン語、古代ギリシャ語、コンピュータ研究 (b) IBOの認可した学校別シラバス
変更: ディプロマ志願者は、グループ6の替わりに、第三言語、社会における人間からもうひとつ、または、実験科学からもうひとつを選ぶことができる。 IBレベル: 高度レベル（Higher level）、標準レベル（Subsidiary level）とも、試験科目は1（最低）から7（最高）までの尺度で採点される。ディプロマには、合計24点が最低である。		

Robert Blackburn. The International Baccalaureate: a curriculum at upper second level and a university entrance examination. In Patricia L. Jonietz and Duncan Harris (eds) *International Schools and International Education*. London: Kogan Page, 1991, 17.

「作業言語」いわゆる「公用語」（公式文書作成およびどの国でも受験可能な試験の言語）は、英語、フランス語、スペイン語の3言語である。すべての教科は、この3言語で試験される。IBディプロマには、3教科は高度レベル、3教科は標準レベルであること。さらに、4000語の個人課題論文（エッセイ）、知の理論というコースの履修、週半日の何らかの形の創造活動か社会奉仕（CASS、コミュニティ・サービス）[125]。

●グローバリズムと国際バカロレア

国際バカロレア試験を目指す教育が国内学校に普及するにつけ、国際バカロレアには大学入学直前の2年間だけでなく、そこにたどり着くまでの長期的なカリキュラムが整備されることになる。

その動きは、国際学校の教師たちによる「国際学校カリキュラム・プロジェクト（ISC

P）」と呼ばれるもので、1991年から1997年まで続いた。1994年には、11～16歳対象の「中等プログラム（MYP）」が開発されている。最終的に、1997年に、ISCPの成果は、3～12歳対象の「初等プログラム（PYP）」に引き継がれることになった。

国際バカロレア教育は、大学入試を直接目的とするのではなく、国際社会とつながることのできる質の高い教育という点で、教育課程全体、教育方法に至るまで評価されるようになってきているといった方がよいだろう。「中等プログラム」も「初等プログラム」も、まだ改良途中のものであるが、ディプロマプログラムと同様に、「国際展望と批判的思考のスキル」を子どもたちに提供していると、国際バカロレア機構は説明している。

●二重単位、高大接続と国際バカロレア

グローバリズムの中で、きわめて大きな措置は、1993年に米国で、『改正教育法』が成立し、二重登録プログラムの制度が確立したことである。二重登録プログラムに登録した生徒は、12年生までに獲得した学術科目の単位を大学2年生までの単位にあてることができる。

単位認定制度（AP）や国際バカロレアのプログラムは、高校の授業であるが、大学の判断で大学の単位として認められることがある。この場合、高校側と大学側の単位の両方を得られるということで、二重単位と呼ばれる。また、米国では、AP、IB、二重登録は、加速学習と呼ばれる。こうして、米国では、大学入学前の教育が大学入学後の教育機関を削減するという、想定外の事態が起きている。

１９９７年に、ＩＢは英才児に適したプログラムだと指摘する論文「国際バカロレア―才能ある子どものためのプログラム」を掲載した雑誌が米国で発行される。国際バカロレア・カリキュラムが、平和や環境問題を課題とする国際人の育成を目的としていた。だが、従来の論議からまったく離れて、グローバルに世界を移動する国際人という捉え方に世間の注目が集まることになる。それをこの論文がはっきり示していると指摘する研究者もいる。[126]

●知識基盤経済論

先進諸国と国際経済機関が明確に知識経済論（ＯＥＣＤは知識基盤経済論と言う）を採用するのは、欧州統一の時期に重なる。欧州連合（ＥＵ）を決めたマーストリヒト条約は、１９９１年12月に欧州諸共同体加盟国間で案がまとまり、１９９２年２月に調印され、１９９３年11月に発効している。政治統合の進展だけでなく、通貨統合に踏み出すことになり、教育の分野にも経済の論理がより強く反映することになった。

ＥＵ欧州委員会（European Commission）は、１９９０年代を通じて、一貫して、「知のヨーロッパ（Europe of Knowledge）」の構築を目指した。欧州委員会は、１９９２年の「マーストリヒト条約」以後、国家障壁低減への対応を迫られたため、グローバルな時代においては知識とその教育が重要であるという考えを積極的に普及させようとした。

１９９３年には、白書『成長、競争力、雇用』[127]において、「透明性（tranceparency、通過性）の増大、資格とスキルの相互承認、教師・生徒などのヨーロッパ域内移動の促進」によってスキルと訓練のヨーロッパ領域を作り上げることを確認した。

さらに、1995年の白書「教育と学習－学習社会に向けて」[128]において、資格の相互承認、修士号導入による移動性の促進、「単位互換制度（ECTS）」の考えを打ち出した。

1996年になると、OECDは「知識基盤経済」という用語で経済成長論を語り始める。[129]

この1996年は、「欧州生涯学習年」が設定されたことと、UNESCOでは「21世紀教育国際委員会」報告書、『学習――秘められた宝（Learning: The Treasure within）』がまとめられた象徴的な年である。知識基盤経済社会において求められる人間能力をうまくとりまとめたのは、フランス人の経済学者で、フランス大蔵大臣、欧州委員会委員長などを歴任したジャック・ドロール（Jacques Lucien Jean Delors）であった。

この『学習―秘められた宝』は、基本能力として「知ることを学ぶ（learning to know）」「為すことを学ぶ（learning to do）」「共に生きることを学ぶ（learning to live together）」「人となる学習（learning to be 人間として生きることを学ぶ）」の4つを提起している。知識やスキルという成果を学ぶだけでなく、意欲と人生展望を持って学び続けること、いわば「学び方を学ぶ」「探究的に学ぶ」ことが教育の原則として社会的に広く認められる条件が整ったのである。

ところでスイス、ジュネーブ郊外にある「欧州原子核研究機構（CERN）」に勤務していたイギリス人のティム・バーナーズリー（Timothy John Berners-Lee）は、情報閲覧システムを作成し、1991年8月6日に世界で最初のWebサイトを公開する。「情報通信技術（ICT）」の発展は、人間の労働能力の在り方を大きく変えることになる。ICTのスキルと英語運用能力（language competence）が、現代人に拒否できないきわめて重要な能力になっていくのである。

●新学力観

知識基盤経済では、変化のスピードが目まぐるしい情報化社会、影響が瞬時に世界中に伝わるというグローバルな時代には、知識やスキルの伝達よりは、新製品を開発し続ける革新（イノベーション）と創造力（クリエイティビティ）により大きな重心を置いていくことになる。イノベイティブでクリエイティブな社会制度、そういった人間の育成・教育、その実現形態としての都市に、未来志向の人々の注目が集まる[130]。

時代が求める新しい能力は「シンボル操作」と呼ばれたこともある。また、そのような能力を発揮して中産階級上層部の生活を確保した人々を米国の経済学者でアメリカ合衆国労働長官を務めたロバート・ライシュ（Robert Bernard Reich）は「シンボリック・アナリスト（symbolic analyst）[131]」と呼んだ。現代では「クリエイティブ・クラス[132]」とも言われ、今日ではその成長が世界的に展開していると指摘されている。

ライシュは、情報社会の仕事は「ルーチン生産サービス」「対人サービス」「シンボリック・アナリスト」の3つに分かれつつあると指摘したが、この「シンボリック・アナリスト」がいわゆる知識労働者のことであり、よりはっきり言えば、新製品の開発など利益拡大に結びつく知識を作り出す「クリエイティブ」な知識労働者のことになる。1990年代の米国ではシンボリック・アナリストは国民の20%、2000年の米国ではクリエイティブ・クラスは総労働人口の30%を占めると言われてきた。

このようなクリエイティブな能力は、受け身の学修では育たない、アクティブ・ラーニングが必要だと判断され、まさに、時代が求める新しい能力を育成する学校教育として、国際バカロレア・カリキュラムが注目されることになってきたわけである。

多国籍企業の活動拡大と共に、多くの人が国外で働くようになると、世界を移動する人々はかなりの数に上り、その人たちは第三のアイデンティティを形成し始めていることが注目されるようになった。その規模は、デンマーク一国の規模（500万人）を超え、スウェーデンほどの規模（900万人）になりつつあるとも指摘されている。この世界各地の文化が交差するコミュニティで育った子どもたちは「サード・カルチャー・キッズ」と呼ばれ、国際学校は、本国のものでもなく、現地のものでもない教育を連携して提供するようになる。

「サード・カルチャー・キッズ」は、社会学者のジョンとルースヒル・ウシーム（Useem）の夫妻が1950年代に命名したものだと言われる。[133] デビッド・C・ポロック（David C. Pollock）とルース・ヴァンリーケン（Ruth E. Van Reken）は、「文化が交差する」世界であり移動の多い世界で育つ子どもたちのことで、次のような特徴を挙げている。[134]

①周りとは異なる環境で育ち同年代の子どもたちとは世界観が大きく異なる場合が多い。
②移民と違い早晩母国に戻ることを予定している。
③エリート階層に属し所属する組織からも現地社会からも特権を受けている。
④親が仕事で所属する組織を代表するという自覚を持ち、その影響下で育つ。

●国際バカロレアの変質

1994年になると、郵便事務の処理の増大とコンピュータの普及によって、IB受験の出願がコンピュータ化された。

1999年10月、カリフォルニア州の「中等教育後統合データシステム（IPEDS）」は、国際バカロレア・カリキュラムは研究（アカデミック）大学に進学する高校生を教育する優れたもので、大学入学後の成功予測率も高い、世界的にも通用が利き、国内で浸透している単位認定制度（ＡＰ）よりも優れていると評価した。そして、カリフォルニア大学（University California）が、制度的に唯一、高度レベル（Higer Level: HL）の科目別成績証明に対して大学の一般単位を与えていると伝えている。[135]

国際バカロレア史の研究者、デンマーク人のトリスタン・バンネル（Tristan Bunnel）は、１９９９年に国際バカロレア史の転換点があると指摘する。[136] 歴代ＩＢ理事長で区分すれば、第１代のアレック・ピーターソン（１９６８-１９７７年）と第２代のジェラード・ルノー（１９７７-１９８３年）はＩＢ幼少期、第３代のロジャー・ピール（１９８４-１９９９年）が青年期、第４代のジョージ・ウォーカー（１９９９-２００６年）が成人期にたとえられるという。[137]

量的拡大こそがＩＢの影響力を高めるとジョージ・ウォーカーは考えたが、「別のやり方がある。成長の強調は、単なる『量』よりもより多く『質』に依存するだろう[138]」とバンネルは彼のＩＢ運営を批判する。さらに、ＩＢの急速な量的拡大は、非欧米社会に拒絶感を生み出しかねないと指摘している。

国際バカロレア・カリキュラムは、国際学校における国際教育により国際人を育成する目的で作り出されてきた。しかし、英国と米国では、グローバル経済における「高度に経済競争力のある学校教育（highly competitive schooling）」、多国籍企業エリートを育て経済競争に勝利する手段として、質のよいアカデミック・カリキュラムとして国際バカロレアを用いると政治家たちからも明言されるようになる。

●急成長

２０００年から２００４年の間に、ＩＢ認定校とその生徒数は、ほぼ倍増した。

「国際教育連盟（ＡＩＥ）」が、２０００年に提案され、２００１年6月に英国のバース大学にてセミナーが開催され、２００２年にジュネーブで開催された国際会議で発足する。提案者のヘイデン（Mary Hayden）とトンプソンは、ＩＢの歴史とカリキュラムに理論的な枠組みを与えてきている。[139]

２００１年9月11日のニューヨーク貿易センタービル爆破、２００５年7月7日のロンドン地下鉄同時爆破事件は、英米両政府に国際教育の国内導入を決意させたという。[140]

それだけではなかった。２００３年10月、米国教育省は、アリゾナ、マサチューセッツ、ニューヨークの低所得家庭の生徒がいる6つの中等学校を「ＩＢＤＰ生徒輩出校」と名付けて１１７万ドルを拠出することに決定した。これ以後、米連邦予算がＩＢ教育の国内普及に使われるようになる。そして、この決定こそ、これに不満を持った親と保守的団体から放たれる「膨大な『バックラッシュ』に火を付けた」とも指摘されている。[141]

その不満とは何か。それは、アメリカン・スタンダードのみを真理としてきた人々に、「多様性という挑戦」が突きつけられ、それが保守派に自覚されたからだと考えられる。[142] ここが、ネオリベラリストとニュー・ライトとの国際化に対する反応の違いになってくる。

アーガー・ハーン４世（インドの豪族で、イスラム教イスマイル派ニザール分派のイマーム、政治家・実業家。ジュネーブ生まれ）は、２０００年に、アカデミーと呼ぶ私立の男女共学、全寮制の学校を、アジア、アフリカ地域に建設する計画を立てた。この発想は、「世界カレッジ連合（ＵＷＣ）」に似ている。

アーガー・ハーン4世は、インドの豪族で、英国貴族出身の母の下にジュネーヴで生まれ、スイスの寄宿舎学校で育ち、イスラム教改革派でニザール分派結集のシンボルであり、ヨーロッパ社交界で活躍している。

最初のアーガー・ハーン・アカデミーは、2003年にケニアのモンバサ市（Mombasa）に建設された。なお、2006年には、ボスニア・ヘルツェゴビナに「世界カレッジ連合（UWC）」モスタル（Mostar）校が開設されている。国際学校がきわめて政治的に建設されていく例である。このモスタル国際学校に入学するために、北朝鮮の金正男氏の息子とされるキム・ハンソル（16歳）が到着したと2011年に報道されている。

●国際学校のカリキュラム事情

1988年に英国には「国家カリキュラム」が初めて導入された。これがオランダのハーグ（The Hague）にあるシェル本社「シェル教育サービス部」が運営する世界の英語学校、いわゆる「シェル・スクール」に採用され、1990年代に国際色を強め、2000年には、3－11歳児を対象とした「国際初等カリキュラム（IPC）」に再編されている。これは、70カ国、550校に導入されたという。英国では、2003年に最初のIPC学校が生まれている。教科、国際性、個人学習のカリキュラムを持ち、特に「ICT、テクノロジー、科学の分野」の学習に力を入れている。

また、1988年以来、「ケンブリッジ国際試験（CIE）」が「国際中等教育修了資格（IGCSE）」を提供することになった。

この2つを組み合わせ「IPCプラスIGCSE（IPC, plus IGCSE）」とすることで、IBに匹敵する「学校教育カリキュラム＋大学入試」という仕組みができ上がることになる[143]。

OECDは、新しい国際学力調査を実施することを1995年に決め、1997年には「OECD生徒の学習到達度調査事業」がスタートすることになる。ほぼ10年間の準備を経て、問題解決力の側面から「教科横断的コンピテンス」を測定することを前提に、読解力（reading literacy）、数学的リテラシー（mathematical literacy）、科学的リテラシー（scientific literacy）に分けて調査するものである。対象は15歳児、名称はピザ（PISA）と決定され、実施主体は入札で決定されることになった。

結局、「オーストラリア教育研究所（ACEER）」主導のコンソーシアムが落札した。このコンソーシアムは、「オランダ教育測定国立研究所（CITO）」、アメリカを活動基盤とする調査会社「ウェスタット社（Westat）」、リエージェ大学の専門家2人でまず編成された。後に、日本の「国立教育政策研究所（NIER）」と、アメリカの「教育テストサービス（ETS）」が加わることになる。

1999年に評価の枠組みが決定され、国際的な学力調査PISAが2000年から実施されるようになった。これによって、国際的な学力観・能力観の統一が一気に進み、義務教育段階の学力は国境を越えて国際的に評価されることになった。

OECDは、1999年～2002年にかけて、学力調査の実施と平行して能力観の統一のために、国際的な教育指標事業（INS）の一環として「コンピテンス定義・選択（DeSeCo）」プロジェクトを運営した。これと同時並行で、欧州委員会教育・文化総局は、EU構成体（加盟政府）に対して義務教育期間の教育目標を調査したが、その結果は、2002年10月にまとめられ、『キー・コンピテンス』[144]として刊行された。

ＥＵやＯＥＣＤの学力規定は、教科別の知識の量やスキルの到達度といったパフォーマンス・モデルではなく、教科横断的な実践能力というコンピテンス・モデルで編成されることになった。この傾向は、国際バカロレア・カリキュラムにとっては追い風となった。

●現代の課題

２００２年、米教育省は、ＭＹＰの普及に対して公的資金援助をすることにした。その目的は、都市部の公立学校の教育力を高め、中産階級の高学力生徒が郊外の私立学校に入学しなくてもよいようにという配慮である。２００３年6月の『ニューズウィーク』では、全米のもっともチャレンジしているハイスクールが発表されたが、上位10校のうち5校がＩＢ校であり、そのうちの3校は都市部の公立学校であった[145]。また、同『ニューズウィーク』は、全米には１１３校のＩＢ校があり、「大学入試に強い」公立８２４校の14％に当たるという[146]。

２００３年には、表２−17のように、ＩＢＤＰ認定校は１１１カ国、１０６０校に及んでいる。そのうち、半数近い４７４校が米国とカナダといういわゆる北米にある。ヨーロッパ先進国の世界的植民地支配の長い歴史と、その影響下にある現在のグローバリズムの展開の様子が見て取れるだろう。

●ＩＢ機構の再編成

この当時までにでき上がっていた国際バカロレア機構の組織は、図２−２のようであった。国際バカロレア機構は、UNESCOと欧州評議会の諮問機関という地位を獲得していた。法的には、スイス法にて教育慈善団体として登録されていた。「試験管理部」が試験実施スタッフを管理し、「主任試験官」は、通常は大学教員があたり、約1100人の「補助試験官」が試験を実施する。また、「教科委員会」が組織され、実施されているプログラム全体に責任を持つことになった。

2003年始めのこと、コンサルタント会社のマッキンゼー・アンド・カンパニー（McKinsey & Company）が、新しい戦略計画をIB機構に提出した。同年11月のインドのムンバイにおいて財団評議会（Council of Foundation）は戦略プラン『成長と影響（Growth and Impact）』を討議した。翌2004年4月には、財団評議会にてこの計画は採択され、10年後の2014年までに100万人の生徒数を目指すことに決めた。

2006年7月には、財団評議会はアクセスのよいロンドン近郊に移転することになる。また2007年以降、拡大計画が強化され、2020年までに1万校、250万人の生徒数を目指すことになった。[147]「IB学習者像（IB learner profile）」と呼ばれるものが姿を現すのは、2006年の3月のことである。

●フラットな地球

2005年にトーマス・フリードマン著『フラットな地球』が出版されると、それ以降、「IBのアピールは、『地球はフラットである』という概念が強調されるようになった。この概念は、インドや中国のような国では、米国に経済的に『追いつくこと』だと思われているようだ[148]」という変化が現れた。グローバル化によって、経済発展のための、国際的に一流国になるための学力向上が国家規模で目指されることになり、国際学校は母国内に居住する人々からも注目を浴びることになる。

表2－17　国および地域別IBディプロマ課程認定校数（2003年１月14日現在）

認定校数	国名	国数
387	アメリカ合衆国	1
87	カナダ	1
45	アルゼンチン	1
43	英国	1
36	オーストラリア	1
31	スペイン	1
28	スウェーデン	1
22	メキシコ	1
16	ドイツ	1
15	チリ、中国	2
14	スイス	1
12	フィンランド、ギリシャ、イタリア、オランダ、ノルウェー、ペルー、トルコ	7
11	エクアドル	1
10	コロンビア	1
9	ブラジル、ポーランド、ベネズエラ、	3
8	フランス、インド、タイ	3
7	日本	1
6	ロシア連邦	1
5	バーレーン、デンマーク、インドネシア、ケニア、ニュージーランド、ポルトガル	6
4	オーストリア、ベルギー、コスタ･リカ、マレーシア、フィリピン、シンガポール、ウルグアイ	7
3	チェコ、エジプト、ハンガリー、ヨルダン、レバノン、アラブ連合、ベトナム	7
2	エチオピア、ガーナ、モロッコ、ニカラグア、パキスタン、パラグアイ、サウジアラビア、スロヴェニア、タンザニア、トーゴ、ザンビア	11
1	アンティラ、アゼルバイジャン、バミューダ、ボリビア、ボスニア－ヘルツェゴビナ、ボツワナ、ブルネイ、カンボジア、クロアチア、キプロス、ドミニカ、エル･サルバドル、フィジー、グアム、グァテマラ、ホンジュラス、アイスランド、イラン、アイルランド、イスラエル、カザフスタン、クウェート、ラトビア、レソト、リトアニア、ルクセンブルグ、マケドニア、マラウィ、マルタ、モーリシャス、マカオ、モンゴル、ナミビア、パレスチナ、オマーン、パナマ、パプア･ニューギニア、カタール、ルーマニア、南アフリカ、セネガル、スロヴァキア、韓国、スリランカ、スワジランド、シリア、台湾、チュニジア、ウガンダ、ウクライナ、ジンバブエ	51

Ian Hill. The International Baccalaureate. In Graham Phillips and Tim Pound (eds) The Baccalaureate: A Model for Curriculum Reform. London: Kagan Page, 2003, 75.

図2−2　国際バカロレア機構(IBO)の組織図

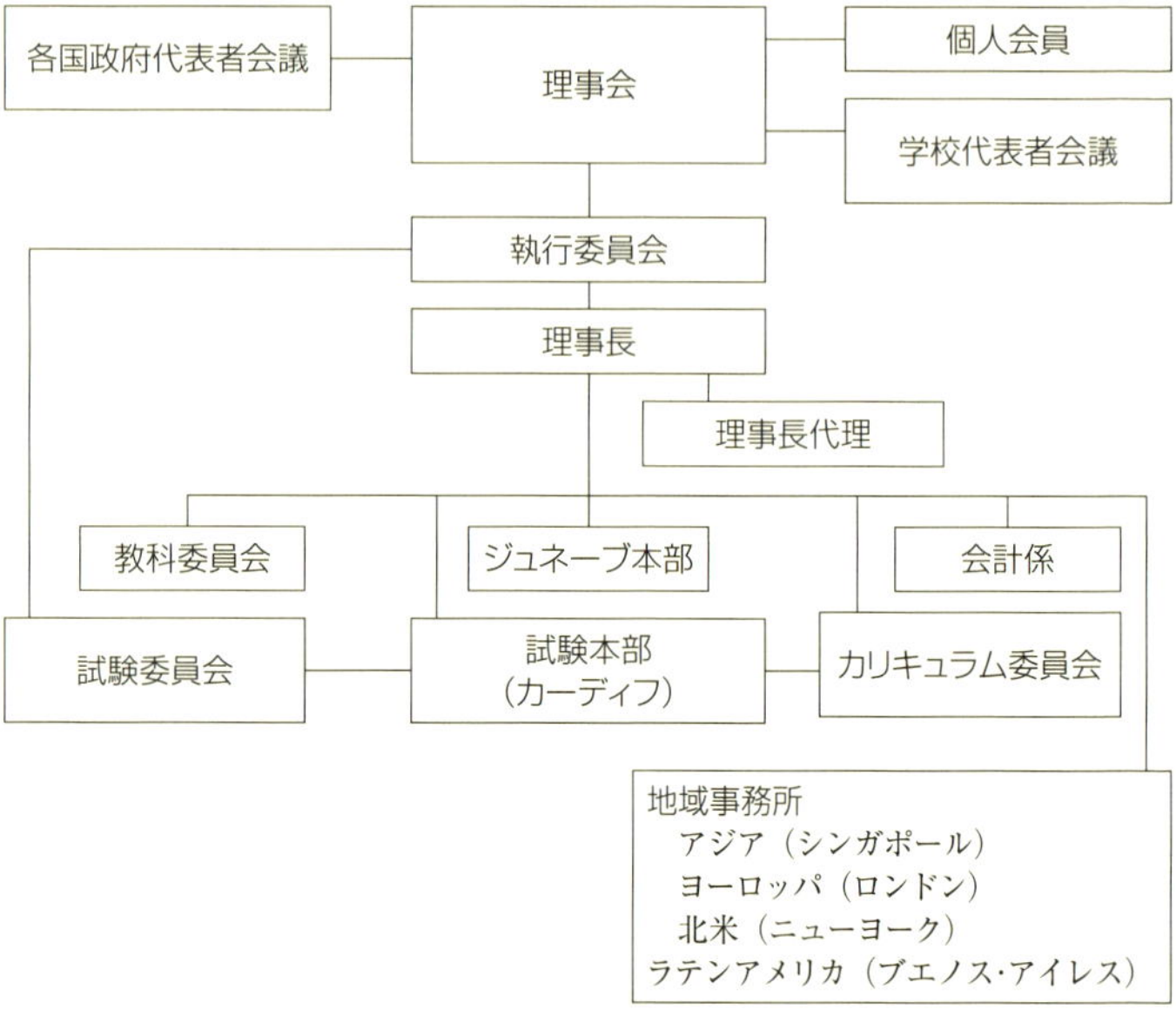

国際学校にとっては想定外の結末だ。フリードマンは、書籍の中で、

「フラットな世界で伸ばすことができる第一の、そしてもっとも重要な能力は、『学び方を学ぶ』という能力だ[149]」

と指摘している。「フラットな地球」というタイトルは、バリア・フリーという意味と共に、丸い地球という固定観念からの発想の転換という意味も強調されている。

2006年段階で、IB教育の国内普及に政府レベルで公的予算を使用するのは、米国、英国、エクアドル、オーストラリア、カナダの5カ国となっている[150]。

●イノベーティブでクリエイティブ
——コンピテンス・モデルのカリキュラム

2006年12月、欧州議会と欧州連合理事会は『生涯学習に向けたキーコンピテンス』と題する勧告を発している。

会議途中に欧州委員会総長の会議まとめが発表され、国際会議場となったフィンランドの政府関係者との非公式会談の中で、

「イノベーションはグローバル化への課題と機会に効果的に対応するヨーロッパの能力に決定的なものである。ヨーロッパには知識がイノベーティブな製品とサービスに転換されるようなイノベーションが起きやすい環境を創出するための戦略的アプローチが必要である」[151]

ということが確認されたという。

総長まとめから「イノベーションはグローバル化への課題と機会に効果的に対応するヨーロッパの能力に決定的なものである」とのくだりが正式な勧告文書に取り入れられ、テクノロジーのイノベーションのために理系の教育を基礎教育段階（義務教育相当）で重視することなどが勧告の中で提案されている。とりわけ、表2－18の8つのキー・コンピテンスを基礎的な知識、スキル、態度として設定し、「ヨーロッパ参照枠（A Europenan Reference Framework）」とすることを提案している。

提案の中では、「これらのキー・コンピテンスは、すべて独立したもので、個々のケースで批判的思考（クリティカル・シンキング）、クリエイティビティ、率先行為（イニシアチブ）、問題解決、危険考察（リスク・アセスメント）、決断、感情の建設的管理が強調される」[152]と説明されている。

さらに、同勧告は、個人、社会、経済にとってクリエイティビティとイノベーションが重要であることを喚起する目的で２００９年を「欧州イノベーション・クリエイティビティ年」に定めた。

なお、このキー・コンピテンスの原型は、２００４年11月にまとめられたワーキンググループの報告書

に現れていて、教育の課題が「基礎的スキルからコンピテンスへの転換」、「教育から学習への力点の移動」[153]だと明示されている。

欧州委員会が提示したキー・コンピテンスをじっくり眺めてみると、国際バカロレア・カリキュラムの学習者像ときわめて大きな重なりがあることが分かる。逆に言えば、国際バカロレア・カリキュラムは、ヨーロッパ諸国に共通した学力観を反映したものだと理解できる。

２００７年に、『アメリカ競争法』が制定されたが、その審議の過程では、「科学、テクノロジー、エンジニアリング、数学、クリティカルな外国語の教育」が注目されている。この「クリティカルな外国語」ということばは、法案では米国の国防と経済競争に役立つ外国語だと説明されている。[154]

学力を巡る米国とヨーロッパの距離は随分離れている。

●国際バカロレア学校向けの国際テスト

国際学校の成果を評価する目的で、「オーストラリア教育研究所（ＡＣＥＲ）」が独自に開発した「国際学校協会（ＩＳＡ）テスト」が、２００６年から開始される。国際バカロレア・カリキュラムであるＩＢＰＹＰ、ＩＢＭＹＰを実施している国際学校の多くは、この国際テストを採用している。国際的大学入学試験の開発から出発した国際バカロレアが他組織の国際テストを使用するというのも皮肉な話だが、このテストによって国際バカロレア・カリキュラムは国際的により大きな信頼を得ることになった。たとえば、インドネシアにあった米国系の国際学校は、カリフォルニアを拠点とする「学校・カレッジ西洋協会（ＷＡＳＣ）」の認定を受け、必要な外部評価として「アイオワ州テスト」を毎年受けていたが、今日では「国際学校協会テスト」との併用もしくは切り替えが起きている。(155)「アイオワ州テスト」そのものは、米国の巨大テスト会社ＥＴＳに比べれば、ユニークな教育的な側面を持っていると思われる。(156)

逆に、「オーストラリア教育研究所」を中心とするコンソーシアムは、「ＯＥＣＤ生徒の学習到達度調査（ＰＩＳＡ）」の一巡目（２０００、２００３、２００６年）を落札し、実質的には「オーストラリア教育研究所」が国際標準能力調査ＰＩＳＡを開発・実施した。この調査は、実践的な能力を測定するために新たに開発されたものだが、その能力はヨーロッパ諸国では「コンピテンス」と呼ばれている。ただし、米国の一部とオーストラリアでは「コンピテンシー」と呼ばれているため、日本にはＰＩＳＡ調査と共に「コンピテンシー」という用語が普及することになった。

「オーストラリア教育研究所」は、ＰＩＳＡ開発の実績に基づき、国際テストの売り上げを5倍に伸ばし、急成長している。いやそれよりも、ＩＢＰＹＰとＩＢＭＹＰという国際バカロレア・カリキュラムが「オーストラリア教育研究所」を仲立ちにして、ＯＥＣＤのＰＩＳＡと教育評価の点でリンクしたことの意味は大きく、これによってＩＢＰＹＰとＩＢＭＹＰの信頼度が格段に増し、国際的な認知が急拡大しつつあると判断できるだろう。

グローバルなテスト競争の中で、「ビッグ・テスト」そのものの勢力図が激動していることになる。

●国際バカロレア40周年

２００８年10月28日、国際バカロレア機構（ＩＢＯ）の創立40周年記念式典がアトランタで開催された。

ピーターソン記念講演にて、アーガー・ハーン4世が「グローバル教育と発展する世界」と題する講演を行った。国際バカロレア（IB）を強く支援している発言だった。[157]

国際バカロレアは、アジア諸国よりもイスラム諸国とのつながりが深い。歴史の他にイスラム史が正式科目となっているくらいだ。それは、国際学校として当然のことであるが、世界全体から見れば、日本や中国やロシアなどはほとんど視野にないバランスを欠いた世界観を反映しているとも言える。

この年、国際バカロレア機構（IBO）は、国際バカロレア（IB）と名称変更された。これは、IBディプロマのみならず、初等プログラム（PYP）と、中等プログラム（MYP）とをつなぐ一連の教育システムとして再登録されたからである。[158] これと同時に、「学習者像」は、PYPだけでなく、すべてのプログラムに共通のものとなった。

2008年9月には、「ケンブリッジ国際試験（CIE）」を受けて英国の中等学校を卒業する生徒に対して、GCSE－Aレベルに替えて、「Camridge Pre-U」という資格証明が出されることになった。この制度は、16歳から19歳を対象にして大学入学資格を得るためのディプロマ型資格である。これに対応した最初の試験は、2010年に実施されている。国際バカロレアと違って、必修科目がない。27科目のうち3つの「主要教科」を選択して受験すればよい。国際バカロレア・カリキュラムからすると、6教科学んでいるので、これはクリアできると判断されている。

その後、2009年1月に、南北アメリカの組織が「IBアメリカ（IB America）」に統一された。

2012年8月、文部科学省が「国際バカロレア・ディプロマプログラム Theory of Knowledge（TOK）について」を作成しホームページで公開した。国際バカロレアの教育方針は、「生きる力」ともつな

表2－18　8キー・コンピテンスに関するヨーロッパ参照枠組み（欧州委員会、2006年）

①母語。これは概念、思想、感情、事実、意見を話しことばと書きことばの両方で表明し解釈する能力であり、適切かつクリエイティブな方法で社会的かつ文化的なコンテクストの全分野において言語的に交流する能力である。
②外国語コミュニケーション。これは、母語でコミュニケーションする主要なスキルの次元に加えられるもので、調停や異文化理解を含む。熟練レベルは、聞く、話す、読む、書くのうちのいくつかの要素と可能性に依拠する。
③数学的コンピテンス、科学とテクノロジー分野の基礎コンピテンス。数学的コンピテンスは、日常の状況にある諸問題を、プロセス、活動、知識に依拠することを強調して解決するために数学的思考を発達させ適用する能力である。科学とテクノロジー分野の基礎コンピテンスは、自然界を説明する知識や方法論を理解し、利用し、適用することである。人間の活動が引き起こす変化への理解と、市民として各個人が引き受けるべき責任を理解することも含む。
④デジタル・コンピテンス。これは、情報化社会のテクノロジー（IST）と情報通信技術（ICT）の基礎的スキルを自信を持ってかつ批判的に使用することも含む。
⑤学び方を学ぶ。これは、学習に関連することで、個人的にまたグループで、自己の必要性と、方法や機会の理解に基づいて自分自身の学びを追求し組織する能力である。
⑥社会的・市民的コンピテンス。社会的コンピテンスは、個人内、個人間、文化間に働くコンピテンスのことで、効果的で建設的に社会生活や労働生活へ参加するように個人を準備する（equip）あらゆる形態の行動である。個人と社会の福利と関連している。個人的な操作が不可欠となる異なる環境で行動する規則と慣習を理解することである。市民的コンピテンスは、とりわけ（民主主義、正義、平等、市民性、市民権といった）社会的および政治的な概念と構造に関する知識は、積極的で民主的な参加ができるように個人を準備する。
⑦率先と起業家の感性。それは、考えを行為に移す能力のことである。目標を達成するために計画しプロジェクトを運営する能力と共に、クリエイティビティ、イノベーション、危険覚悟（リスク・テイキング、挑戦すること）を含む。個人が自己の作業のコンテクストを知ることであり、そうすれば生じてくる機会をつかむことができる。社会活動や営利活動を打ち立て、貢献するために必要なより特別なスキルと知識を獲得する基礎となる。これは、倫理的な価値を知ることを含み、よきガバナンスを促進する。
⑧文化の自覚と表現。それは、（音楽、行動芸術、文学、ビジュアル・アートといった）メディアを通じて考え、経験、感動をクリエイティブに表現する重要性を認識することを含む。

Working Group B. *Imprementation of "Education and Training 2010" Work Programme: Key Competences: Key Competences for Lifelong Leraning; A European Reference Framework*, November 2004. より

表2－19　地域別のIB認定校数及び認定校が所在する国・地域

	アフリカ・ヨーロッパ・中東	アジア太平洋	ラテンアメリカ	北米・カリブ	合計
PYPのみ	70	145	34	391	640
MYPのみ	19	27	7	413	466
DPのみ	602	259	252	769	1,877
PYPとMYP	25	21	16	42	104
PYPとDP	42	60	21	8	131
MYPとDP	43	17	12	161	233
全プログラム	82	72	36	28	218
合　計	883	596	378	1,812	3,669

文科省ホームページ「国際バカロレアの認定校」
(http://www.mext.go.jp/a_menu/kokusai/ib/1307999.htm)

がり、学習指導要領に合致しているという文科省の判断が示されている。

また、２０１２年には、それまで参考得点程度の扱いであった「知の理論（ＴＯＫ）」「課題論文（ＥＥ）」「ＣＡＳ（創造性・活動・奉仕）」が独自に評価され、合計点の中に加点されることが決定された。実施は、２０１４年からとされた(159)。

２０１３年１月現在で、国際バカロレア・カリキュラムを採用する学校は、１４４カ国、３４８８校となっていて、１０６万人の子どもが学んでいる。２０１４年６月現在では、世界１４７カ国において３、７９１校となっている。

●国際バカロレア・カリキュラムの実施状況

国際バカロレアの歴史を振り返れば、意欲的な人物たちの努力、そのような人々たちの不思議な出会いと協力、それを実現まで押し上げた時代状況が浮かび上がってくる。登場人物は、教師が主役ではあるが、実現のためには、研究者、国際機関、財団、軍人、政治家、貴族と多彩で思いがけない人々の結びつきである。

それぞれの時代に多様な理想が語られ、ひとつの可能性として実現形態が定まってくる。ところが実行していくうちに、新しい参入者の意図により、また時代の要請により、たくさんの可能性を秘めながら、それぞれの時代であるひとつの実現形態が注目を集めてしまうようだ。それが歴史である。

第3章　知識基盤経済に適応したＩＢカリキュラム

「国際バカロレアの趣旨のカリキュラムは、思考力・判断力・表現力等の育成をはじめ学習指導要領が目指す『生きる力』の育成や、日本再生戦略（平成24年7月31日閣議決定）が掲げる課題発見・解決能力や論理的思考力、コミュニケーション能力等重要能力・スキルの確実な修得に資するものです[1]」（文科省）

「批判が高まっているにも関わらず、グローバル化がもたらした競争意識は『西洋式教育』へのますます大きな願望をはっきりと作り出してきており、国際学校はそれを提供できるよい位置にある[2]」（イヴェタ・シロヴァ、ダフネ・ホブソン）

ようやく国際バカロレア（ＩＢ）が各国で認知され、一定の加盟校が確保できて、軌道に乗り始めた１９７３年頃、その生みの親であるオックスフォード大学教授のアレック・ピーターソン（ＩＢ初代機構代表）は、試験改革は手段であり、国際バカロレアの目的はカリキュラム改革なのだと明言していた。

もともと国際バカロレアは、大学入試に代わるものとして50年ほど前に設計された。国際学校がこの国際的な大学入試に取り組む教育課程として、後期中等教育、日本で言えば普通科高校の２年間分の学校教育を設定した。その後、その他の教育課程の開発が20年前にまとまった。

不思議なことだが、国際バカロレア試験制度を通して、カリキュラムや、学習過程や、教師の活動までが国際化していくのである。まさに、アレック・ピーターソンが40年前に主張したように動いている。最終の到達点は国際バカロレア試験と学内成績で測られるが、途中の学年の評価は、オーストラリア教育研究所が作成する国際テストなどで測られている。国際バカロレアは単に試験制度や大学入試対策のことだと理解している人々にとっては、はるかに創造的な教育が用意されていることになる。

国際バカロレアは、3つの学校段階がある。3〜12歳は初等教育のPYP（Primary Years Programme)、11〜16歳は中等教育のMYP（Middle Years Programme)、16〜19歳は大学受験を意識した後期中等教育のDP（Diploma Programme、ディプロマ・プログラム）と職業系のIBCP（Career-related Programme）が加わっている。それぞれの段階は大まかな区切りであり、年齢的に厳密に区切られているわけではない（表3－1）。

カリキュラムの編成は、全体の教育内容を系統性で順序づけるシーケンス（一連の流れ）を縦軸に、教育内容の広がりと深さを指定するスコープ（範囲）を横軸に形成されることが多い。問題は、日本の学校教育制度のように、スコープを厳密に教科に分けるか、シーケンスを厳密に学年固定するかという点にある。国際バカロレアのカリキュラムは、保育を含む初等教育段階では「探究（Inquiry）の単元」と呼ばれるテーマ別のコース授業にほとんどの教科を統合したコア・カリキュラムで構成されている。中等教育段階ではプロジェクト法などを用いた活動型・探究型の集団学習、いわゆる教科横断的に統合したクロス・カリキュラムが行われ、2年間の高校最終学年のみ教科別カリキュラムという具合に段階的に分けて編成されている。この絶妙な組み合わせが、子どもたちを考え行動する社会の活動主体として成長させ、生涯学習に向けて専門分野への扉を開いている。このカリキュラムが、グローバル時代の現在、唯一の世界標準カリキュラムとして作動している。

●IBの学年

IBを導入した学校では、実際にはヨーロッパ方式をとっていて、つい最近までは義務教育は7歳入学となっていた。現在では、6歳児は、準備級として位置づけられ、保育から教育へと転換されている。しかし、学年の呼び方は、幼稚園のままにKが付けられている。

入学年齢は、表3－1のように日本と1歳ずれているが、実際には4月1日に6歳になっているか、9月1日に7歳になっているかは、半年程度の違いしかない。さらにまた、たった1日で1年分の教育メニューに差を付けられてよいものかどうかという学校教育制度の問題点がある。加えて、発達の個人差や個性が教育課程、いわゆるカリキュラムの組み方に影響を及ぼしてくる。ヨーロッパでは、一般的に、高等教育は学部3年、修士2年制となっていて、研究（アカデミック）大学は5年制となっている。

1968年時点の議論では、大学進学者の多くが人生選択をした平均年齢は、イングランドでは13～15歳、ヨーロッパでは17～18歳、ソ連では17歳、米国では19～20歳であると言われていると、国際バカロレア作成に携わったアレック・ピーターソンは書いている。要するに、国によって同一年齢ではない。この時、イングランドでは一般教育を引き延ばし、米国ほどには遅らせないという判断が、国際バカロレア・ディプロマの設定において基本的判断となった。しかし、問題は残されることになる。

段階別の国際バカロレア・カリキュラムは表3－2のようになっている。国際バカロレア・ディプロマの学年は、大学進学を前提にした普通科高校の最終の2年間に相当する。ヨーロッパでは、普通科高校は、歴史的に大学入学に準備するための学校として設立されており、中等教育修了資格が大学入学試験に匹敵する。つまり、普通科高校を卒業し、修了国家試験にパスすれば、大学入学資格が与えられるということになる。入学までの順序待ちが、ギャップ・イヤーということになる。

さて、ここで問題が起きてくる。ヨーロッパの後期中等教育は研究的な（academic）高等教育への進学

表3－1　ヨーロッパと日本の年齢に対応した学年比較

	23	M2	大学院2年生（修士2年生）
	22	M1（修士1年生）	大学院1年生（修士1年生）
	21	BA3	大学4年生（学士4年生）
	20	BA2	大学3年生（学士3年生）
ギャップ	19	BA1（学士1年生）	大学2年生（学士2年生）
イヤー	18	G12	大学1年生（学士1年生）
	17	G11	高校3年生
	16	G10	高校2年生
	15	G9	高校1年生
	14	G8	中学3年生
	13	G7	中学2年生
	12	G6	中学1年生
	11	G5	小学6年生
	10	G4	小学5年生
	9	G3	小学4年生
	8	G2	小学3年生
	7	G1（普通教育1年生）	小学2年生
	6	K（幼稚園）	小学1年生
	5		
	4		

資格を取得する教育課程と職業資格を取得する専門的な教育課程とがはっきりと分かれていることである。アメリカ型は、大衆化を図ったために、中等教育（中学校・高校）および高等教育（大学）の低学年（少なくとも初年次）部分では専門教育は避けられている。つまり、職業資格制度が社会的に整備され、後期中等教育段階で分野による専門化を図り、生涯学習制度によって継続教育を可能にしているヨーロッパ型学校教育制度と、高等教育に至るまで大衆化し、大学の後半ないし大学院で専門分化を図ろうとするアメリカ型学校教育制度の違いである。

　職業系の高等教育機関に進学する生徒のために、国際バカロレア・デ

表３－２　段階別国際バカロレア・カリキュラム

教育段階（年齢）	カリキュラム名称	カリキュラムの特徴	教科以外のコースないし活動
幼児・初等教育	IBPYP（3～12）	コア・カリキュラム 探究の単元	発表会（exhivision）
中等教育	IBMYP（11～16） ４学年制でも ５学年制でもよい	カリキュラム枠組み	パーソナル・プロジェクト（３年制または４年制の場合には、最終学年にコミュニティー・プロジェクト）
最高2学年	IBDP（16～18）	教科（アカデミック）カリキュラム、知の理論	課題論文（EE）、 創造・行動・奉仕（CAS）
	IBCP（16～18）	職業系カリキュラム	振り返りプロジェクト、 地域奉仕活動

ィプロマは、中等教育修了資格だけでなく、科目ごとに修了資格を与えることにした。それが、２００８年に、職業教育資格証明となる「ＩＢキャリア関連教育サーティフィケイト（ＩＢＣＰ）」として独自性を持たせることになったのである。

もうひとつの問題は、アメリカ型の大学には、1年生や2年生のために一般教育の課程が置かれている。なかには、初年次教育といって専門教育の学び方を教える態勢もとられているばかりか、高校教育の補習まで行う大学がある。ヨーロッパ型の大学にはこのようなことはない。研究系の大学教育にふさわしい者しか合格していないからである。しかも、ヨーロッパ型とアメリカ型では学齢期が微妙にズレていて、ＩＢディプロマという後期中等教育がアメリカの大学の共通教育に匹敵する教育レベルと見なされることになる。この場合、米国では、高度な一般教育の授業が、高校の卒業単位と同時に大学の共通教育の単位とも換算されて、二重単位となって受験生には有利に作用する可能性があるということである。しかも、この単位が、大学教育ではなく、国際バカロレア・ディプロマという高校における授業でも取得可能となっている。このような橋を架けるようなレベルの学校は、高校（ハイスクール）ではなく、「国際カレッジ連合（ＵＷＣ）」を形成する学校のように、カレッジ（college）と呼ばれる。

●国際バカロレアの教授言語

国際バカロレアには、国際的に通用する公用語が定められている。英語、フランス語、スペイン語である。発足当初は英語とフランス語からスタートし、１９８２年からスペイン語が加わって、公用語、つまりどこでもどの科目でも受けられる言語は３言語になっている。ＩＢＤＰの場合、授業および国際バカロレア試験を特定の教科について３公用語以外の特定の言語で行うことも可能である。この場合は、国際バカロレア本部と当該国の政府とが取り決めをすることになっている。日本では、30科目のうち５科目の授業と、「知の理論」、課題論文、社会活動が日本語で受けられることになっている。

ＰＹＰおよびＭＹＰの段階では、国際バカロレアが定める公用語、すなわち教授言語の指定はない。したがって、国ごとに母語で教えてもよく、その国の国語で教えてもよく、そうでなくてもよい。

●国際バカロレアの教育目的

国際バカロレアの教育目的は、「国際バカロレア教育理念（ＩＢミッションステートメント）」として規定されている。

「多文化に対する理解と尊敬を通して、平和でよりよい世界の実現のために貢献する探求心、知識、思いやりのある若者の育成を目的とする。これを実現するために、学校、政府、国際機関と協力しながら、国際理解の精神と、厳密な評価の精神に則った教育課程の開発に取り組む。これらの教育課程は、世界各国の子どもたちが、自分と異なる他者にもまた理があることを理解するような、行動的で、思いやる心を持ち、生涯学習者になるように働きかけることである」(4)

そして、すべての国際バカロレア教育課程は、この「国際バカロレア教育理念」に基づいて「国際性を発達させる」ことであると規定されている。

授業を通じて育成される資質は、「国際バカロレア学習者像（ＩＢラーナー・プロファイル）」と呼ばれる。この「学習者像」が「国際バカロレアの教育課程（ＩＢプログラム）」の具体的な目的となっており、国際バカロレアの具体的な最上位の教育概念である。教師は、個々の授業の中で、この「学習者像」が実現されているかどうか常に自覚しなくてはならない。この学習者像は、学校関係者や教員に義務とされる研修において自覚されるようになっている。そして、どの教師もこの学習者像を念頭に置いて日頃の教育をしていることこそ、国際バカロレア教育が信頼されるゆえんである。

また、ＰＹＰとＭＹＰの段階では、いわゆる教科書はない。ＭＹＰの段階では、教科書のような体裁の書籍はあるが、教材のひとつとして扱われていて、そのとおりに教えなくてもよい。また、学校を越えた国際バカロレア機構公式の統一試験はない。

●国際バカロレア学習者像について

国際バカロレア・カリキュラムは、「探究型学習」に基づいている。米英のＩＢ校の教育状況を比較したシャンドラ・ドラム（Shanda Drumm）によると、それは、

「探究型の教育が核心にあれば、異なるタイプの学習がどれでも促進できる」からである。

「学習者像」（表3－3）は、当初、PYP教育の「中心的要素」として1997年に導入された。さらに、「国際教育というIBの体系に備わっている価値を表現するために」また「3つのプログラムの中にある、あるいは横断的なつながりを発展させるように支援するために」、2006年にはMYPとDPも含めた3つのプログラムすべてに適用されることになった。

国際バカロレアの教育理念と教育方法は、古くはジュネーブにいたルソーの理念に基づく国際新教育運動と進歩主義教育に根ざし、理論的基礎を整理したデューイの経験主義に基づいている。第二次世界大戦後は、国を越えた教育運動としてUNESCOの動きを踏まえている。だが、このような「学習者像」という形で具体的に、かつ詳しく合意が形成されたのは、国際社会の動向、とりわけグローバリズムのなかで形成された知識基盤経済論と教育制度の国際的な統合という動きに適合する表現が求められたからである。その意味で、「学習者像」は、ここ20年に形成されたきわめて現代的な教育理論となっている。

「学習者像」には、教育学的にもきわめて重要な概念がうまくまとめられている。ところが、日本の教育学にはそれらは消化不足の概念になっていて、IB教育を実践していくために外すことのできないキーワードであるにも関わらず、まだ日本語には定着していないものが多い。

学習者像に出てくるいくつかのキーワードについて触れておこう。

たとえば、欧米の感覚ではインクワイアー（inquir）は「探求」であり、「探究」にはリサーチ（research）が対応させられる。「探求」は、正解を覚えるのではなく自ら探し求めることで、したがってある時点の結論は予想や期待から外れることもある。だが、それは間違いというよりは、意味のあるプロセスと見なされる。他方で、研究にはそれなりの方法がある。分かりやすい例を挙げれば、理化学研究所の小保方晴子氏が関わったスタップ細胞は「探求」ではあったが「探究」にはなっていなかったということであろう。似たことばで、エクスプロアー（explore）は探索することで、「探究」の側面が強い。ただし、ＩＢの日本語の公式訳は「探究」で統一されているので、本書でも混乱を避けるために探究と訳している。

クリティカル（critical）は「批判的」と一般に訳される。実際の意味は、鵜呑みにしたり丸暗記せず、対象のよいところ、間違っているところをしっかり見極めてそれぞれ評価し、よく考えて判断することである。ところが日本語のニュアンスでは、批判とは相手の過ちを指摘することと解釈され、社会的な和を乱すよくない行為と捉えられることが多い。子どもたちが友人の批判を始めると、いじめにつながると見なして、日本の教育現場では避けられることが多い。ひとつの正解ではなく一人ひとりの違いを認め、それぞれを人間として尊重する文化がないと、クリティカルな学びを授業で追求することは難しい。個々の能力や問題解決力が独立して判断されず、正解は決まっているものとされて、教科の成績とか、総合点として評価されるという学力観では、クリティカルな思考は育ちにくい。

欧米ではクリティカルには、自然科学でいう臨界点（critical point）という意味や、「その時点で決定的に重要な」という意味も加わる。

コミュニケーション（communication）は単なる「通信」以上の意味がある。語源からたどると、コミューン（commune）、共産主義（communism）に通じるものがあり、コミュニケーションは、主として言語を用いて発信者と受信者の双方に共通理解・共通感情（コミューンな状態）を作り出す作業を言う。コミュニケーションは受け身だけでは成立せず、一方的に発信するだけでも成立しない。理詰めで追及したり、言いくるめたりするディベートのように、論理をはっきりさせ、説明を繰り返せばよいかというとそうでもない。知的に理解するだけでは人間はなかなか動かないもので、納得する、腑に落ちるというような意識レベルの了解が必要になる。本来のコミュニケーションは、文化とか社会意識を背景に、また個人の人格形成と関連して、長い時間と様々な実践共有を通じて形成されるものである。

高校までは、それぞれの国で一般に教科（subject、サブジェクト）が決められている。ディシプリン（discipline）は教科の中の個々の科目を指す。大学では、科目群（disciplines、ディシプリンズ）は、学部や学科における専門的な分野の学問を意味することもある。科目より小さな単位はコース、また科目の構成部分は単元（unit）である。単元がある程度まとまったグループをマグネットと呼ぶこともある。

コミュニティ（community）は一般に地域と訳される。たいていは、その地域の生活を成り立たせる自治的な諸施設を含み、住民は協力をしている。住民の結束意識が強ければ共同体とも呼べるだろう。一般に、学校、協会、文化施設などが含まれ、相互扶助関係ができ上がっている。

リフレクション（reflection、振り返り）は、うまくいっている点とこれから改善する点とを分析し、ある面では満足感、達成感、自信を持ち、ある面では改善する必要を見つけ出して修正の道を探ることである。自分のしていることをこれでよいか、別の解決はないのか、自分の考えを修正する必要があるか、他人にどう助けを求めどう協力するかなどよくよく考えることである。そのため、「熟考」と訳されることもある。日本語で言う反省、つまり自己の不足点ばかりに目を向けることではない。教育学では、省察と訳されてきた。自然科学で用いられる場合には、反射（リフレクション）、屈折（リフラクション）との対で用いられる。これらは、光を当てて簡単には見えない自分の心の中を見ることで、自分を見るもう一人の自分がいることになる。心理学で言う、いわゆるメタ認知機能を指す。

スキル（skill）は技能と一般に訳される。教育学、教育行政の用語でも、「知識、技能、態度」というように日本では定着している。しかし、「21世紀スキル」のように、現代的に解釈が拡大しているので、本書では訳し分けることにする。

スキルは、理論的に因果関係が解明し尽くされているわけではないが、実行の手順が定まった妥当な行動およびその行動をする能力のことを指す。日本では、一般化しにくい属人的な技と関連して解釈されている。現在、教育用語として国際的に用いられているスキルは、一般化できて、評価や、説明が可能なもので、身体的な訓練を含む学習によって伝達可能なものと捉えられている。

ラーニング（learning）は「学習」または「学び」と訳す。定められたとおりに覚えていく「スタディ（study、学修）」とは異なる。中国語の「勉強」は、意に反して努力する、やりたくないことをやらされるという意味であったが、明治以降に日本では学修を指して使われるようになった。

学校の教育課程、いわゆるカリキュラム（curriculum）は、ラテン語の「走る（currere）」に由来し、「走るコース」「走路」のことである。したがって、勉強とは決められたトラックの上を脇目も振らず、ただひたすら走ることだと解釈されている。ちなみに、人生を走ってきた証が「履歴書（curriculum vitae）」と呼ばれている。

ところが、知識基盤経済と言われる現在では、ＯＥＣＤ（経済協力開発機構）やWorld Bankなど国際的な経済機関は学習（learning）こそを重視している。とりわけ大学は、知識を生み出すところだと考えられるようになっている。

「学び（learning）」は、知りたい、やってみたいという意欲から起きてくる。「なぜだろう」「どうしてだろう」と「探求（inquire）」するところから学びが進んでいく。研究的な手順で探求する場合は、「探究（research, investigate）」ということになる。調べ学習をしたり、自問したり、自然や事物に働きかけたり、人間と交流して確かめたり、実験をしたり、似たようなケースに当てはめてみて検証したり、いろいろな手順で探究する。これまで身につけたものと組み合わせることによって学びが整理され、その結果、「そうだったのか」と理解され、「なるほどなぁ」とある種の感動を持って、さらに「心にすとーんと落ちたところで」その人の知識ができ上がる。このような学び方を「構成主義（constructivism）」という。このようにして学ばれた実践的な能力のことを「コンピテンス（知力）」と呼んでいる。

逆に、いくつかの限定された条件で正しいと社会的に定められる行動や知的判断を覚え、身につけることが「学修」「勉強」で、定められた知的行為をルールどおりに発揮する能力およびその成果を「パフォーマンス」と呼んでいる。従来の学校では正解が決まっている（と思われる）、解ける「問題」しか扱わないので、探究的な学びは成立しにくい。

このようなことに留意してＩＢの学習者像を見てみると、明らかに「パノォーマンス・モデル」ではなく、「コンピテンス・モデル」の立場にあることが分かるだろう。

なお、表中の中国語訳は、大迫弘和の紹介による。[7] たった一語で原点を語れるというのは、漢字の持つ偉大な力である。

表3－3　国際バカロレアがめざす10の学習者像(2013年9月公表、2014年日本語公式訳)

IB学習者像	すべてのIBプログラムの目標は、お互いを人間として認め合い、地球を守る責任を分かち合い、よりよい、より平和な世界の構築に貢献できる国際感覚を身につけた人々を育むことにある。 IBを学ぶ人はこんな人になろうと努力する。 (旧)(新) The aim of all IB programmes is to develop internationally minded people who, recongnizing their common humanity and shared guardianship of the planet, help to create a better and more peaceful world. (旧) As IB learners strive to be. (新) As IB learners, we strive to be.
探究する人 Inquirers 究（中国語訳)	生来の好奇心を育みます。調査と研究のスキルを獲得し、自主性を発揮しつつ学習します。主体的な学びを楽しみ、この学びの喜びを生涯を通じて持ち続けます。 (旧) They develop natural curiosity. They acquire the skills necessary to conduct inquiry and research and show independence in learning. They actively enjoy learning and this love of learning will be sustained throughout their lives. (新) We nurture our curiosity, developing skills for inquiry and research. We know how to learn independently and with others. We learn with enthusiasm and sustain our love of learning throughout life.
知識のある人 Knowledgeable 知	地域、そして世界的に重要な概念、考え、問題を探究します。そうする中で、特定の学問分野に偏らず幅広く、バランスのとれた深い知識を身につけ、その理解を育みます。 (旧) They explore concepts, ideas and issues that have local and global significance. In so doing, they acquire in-depth knowledge and develop understanding across a broad and balanced range of disciplines. (新) We develop and use conceptual understanding, exploring knowledge and ideas that have local and global significance.
考える人 Thinkers 考	複雑な問題を認識し、それに取り組み、筋の通った倫理的な決定を行うために、批判的かつ創造的に考えるスキルを積極的に応用します。 (旧) They exercise initiative in applying thinking skills critically and creatively to recognize and approach complex problems, and make reasoned, ethical decisions. (新) We use critical and creative thinking skills to analyse and take responsible action on complex problems. We exercise initiative in making reasoned, ethical decision.

コミュニケーションができる人 Communicators 話	複数の言語、多様なコミュニケーションの方法を使って考えと情報を自信を持って創造的に理解し表現します。回りの人と積極的かつ効果的に共同作業を行います。 （旧）They understand and express ideas and information confidently and creatively in more than one language and in a variety of modes of communication. They work effectively and willingly in collaboration with others. （新）We express ourselves confidently and creatively in more than one language and in many ways. We collaborate effectively, listening carefully to the perspectives of other individuals and groups.
信念のある人 Principled 義	正直さと誠意を持って、公正と公平、そして個人、集団、および共同体の尊厳に対する尊敬の念を強く持って行動します。自分自身の行動と、その行動に伴う結果に対して責任を負います。 （旧）They act with integrity and honesty, with a strong sense of fairness, justice and respect for the dignity of the individual, groups and communities. They take responsibility for their own actions and the consequences that accompany them. （新）We act with integrity and honesty, with a strong sense of fairness, justice, and with respect for the dignity and rights of people everywhere. We take responsibility for our actions and their consequences
心を開く人 Open-minded 寛	自己の文化と経歴を理解し、大切にすると同時に、回りの個人と共同体の視点、価値観、伝統に対して心を開きます。常に他人の意見に耳を傾け、検討し、その経験から成長しようとします。 （旧）They understand and appreciate their own cultures and personal histories, and are open to the perspectives, values and traditions of other individuals and communities. They are accustomed to seeking and evaluating a range of viewpoints, and are willing to grow from the experience. （新）We critically appreciate our own cultures and personal histories, as well as the values and traditions of others. We seek and evaluate a range of points of view, and we are willing to grow from the experience.
思いやりのある人 Caring 仁	他の人たちが必要としていること、感じていることに対して思いやり、共感、そして尊重する気持ちを示します。他の人たちの生活と環境によい影響を及ぼすために奉仕し、行動することを自分の責任とします。 （旧）They show empathy, compassion and respect towards the needs and feeling of others. They have a personal commitment to service, and act to make a positive difference to the lives of others and to the environment.

	（新）We show empathy, compassion and respect. We have a commitment to service, and we act to make a positive difference in the lives of others and in the world around us.
挑戦する人 Risk-takers 挑	未知の状況や不確実な事態に対し、熟慮しつつ勇気を持って取り組み、新しい役割、考え、戦略を探る自立した精神を持ちます。自分の信念を守るために奉仕し、行動することを自分の責任とします。 （旧）They approach unfamiliar situations and uncertainty with courage and forethought, and have the independence of spirit to explore new roles, ideas and strategies. They are brave and articulate in defending their beliefs. （新）We approach uncertainty with forethought and determination; we work independently and cooperatively to explore new ideas and innovative strategies. We are resourceful and resilient in the face of challenges and change.
バランスのとれた人 Balanced 健	自分および他者の幸福を達成するために、知性、身体、心のバランスとることが重要であると理解します。 （旧）They understand the importance of intellectual, physical and emotional balance to achieve personal well-being for themselves and others. （新）We understand the importance of balancing different aspects of our lives - intellectual, physical, spiritual and emotional - to achieve personal well-being for themselves and others. We recognize our interdependence with other people and with the world in which we live.
振り返りができる人 Reflective 省	自己の学習と経験を深い洞察力を持って熟考します。個人の学習と成長を促すため、自分の長所と短所を評価し、理解することができます。 （旧）They give thoughtful consideration to their own learning and experience. They are able to assess and understand their strengths and limitations in order to support their learning and personal development. （新）We thoughtfully consider the world and our own ideas and experience. We work to understand our strengths and weaknesses in order to support our learning and personal development.

International Baccalaureate Organization. *What is an IB education?* Cardiff: International Baccalaureate Organization (UK), 2013.
http://www.ibo.org/globalassets/publications/what-is-an-ib-education-en.pdf
国際バカロレア機構『国際バカロレア（IB）の教育とは?』2014年。
http://www.ibo.org/globalassets/digital-tookit/brochures/what-is-an-ib-education-jp.pdf

表3－4　二つの教育課程の教育内容と教育方法の比較一覧

	国際バカロレア	日本の現状
学校教育の目的	学び方を「学習者像」で規定し、学びの過程で必要な能力を形成する。	学習指導要領で規定。主要目的は、知識･技能の習得。
教科の設定･選択	初等教育段階では無いに等しく、前期中等教育段階では各学校で合科を作成、後期中等教育段階で6教科群から各学校が選択する。	ほぼ一律に厳密に指定される。
単元づくり	初等教育段階では教科横断的な「探究の単元」が中心。中等教育段階では合科が可能。後期中等教育では教科別。ただし、教科を越える学習も設定される。	教科ごとに排反的、互いに重複しないように作成される。
シーケンス(教育内容の系統性･順序)の構成	枠組みのみ指定される。	学年別に学習指導要領で詳細に規定される。
スコープ(教育内容の広がりと深さ)の構成	枠組みのみ指定される。	学年別に学習指導要領で詳細に規定される。
年間指導計画の作成	各学校で作成。	教科書に従うのが実態。
教材の選択	各教員が選択または作成。後期中等教育段階で教科書が利用される。	検定教科書を使用。
授業	一般的･包括的な共通の知識･技能は、個人が個別に学び、授業は子ども･生徒が集団で探求・探究する活動、教師は学習活動を支援する。	一般的･包括的な共通の知識･技能を伝達・教える。

また、英文で「新」と記載してある文章は２０１４年から使用されているものである。新旧対照すると、weという主語に変わっていることが確認できる。学習者の目線で学習者像が書き直されたと言うことができる。

●IBの教育方法

ＩＢ教育研究者ジェームズ・ケンブリッジ（James Cambridge）によると、国際バカロレアの教育は、「構成主義的な諸学習理論に依拠した教育学」(8)で作られている。

日本の教育との違いは表３－４のようにまとめられるが、

図３－１　教科と授業単元の関係

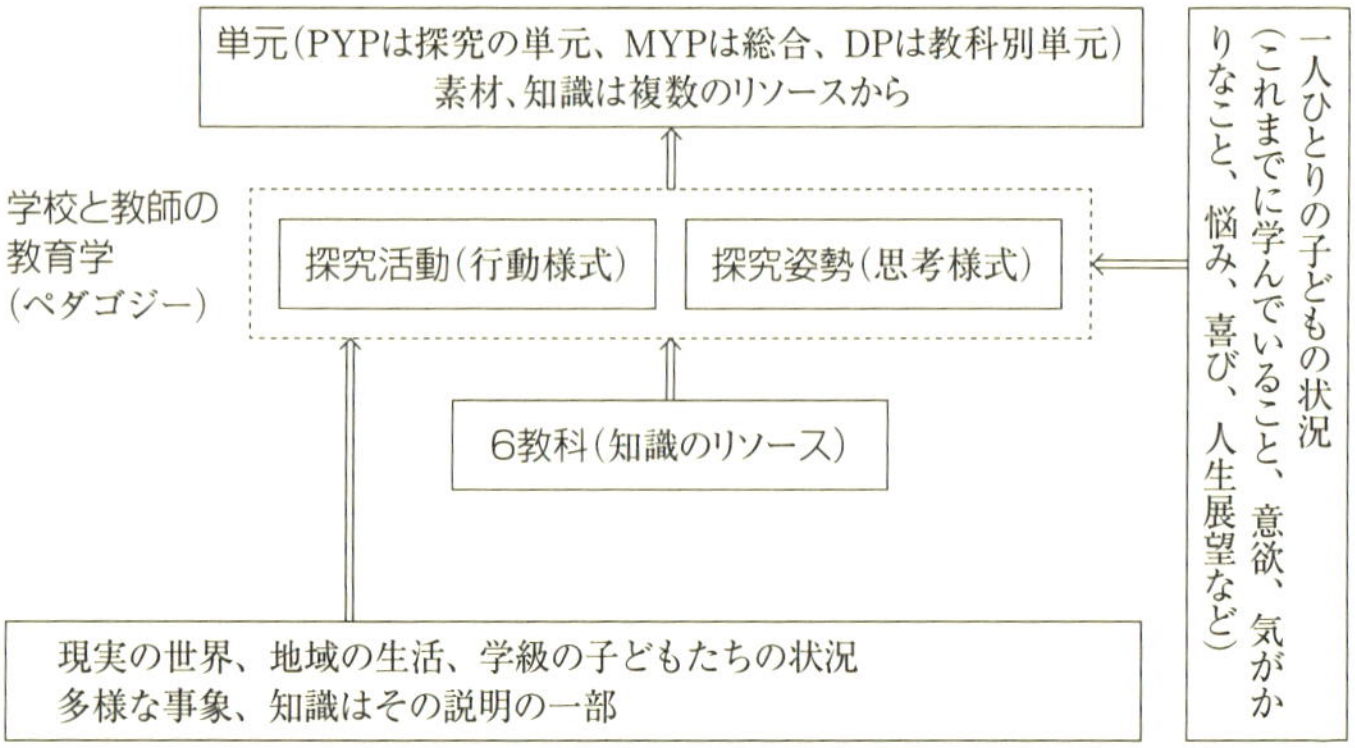

教育学の分類を使うと国際バカロレア・カリキュラムはコンピテンス・モデルで編成されており、日本の教育はパフォーマンス・モデルで編成されてきたと言える。

日本人にとっては、教科縦割り教育に慣れているので、それ以外の教育は予想しにくいものがある。そもそも、教科というのは、図書館のようなもので、知識を一定のルール、たいていは学問分野で分類して整理したものだ。最近は使い道で整理している図書館が出現している。たとえば、かつては図書館には図書カードというものがあった。科学史の文献は、歴史に分類することも、科学に分類することも可能であった。だがどちらかに分類して、重複を割け、1枚のカードで番号順に整理していたのである。これが、コンピュータの普及で、キーワード検索をすればよくなると、複数の多様な整理の仕方が可能になり、知識の組み合わせ方も多様になり、知識の組み替えも簡単になった。

国際バカロレアの教育は、あるいは構成主義の考えでは、ものの成り立ち（概念）さえ理解しておけば、知識を探して、それを使うことができる。授業というものは知識を教科書どおり、順番に覚えるというのではなく、図３－１のように、知識のストックから必要な時に必要なものを取り出して使えるようにすることだ。

ＩＢカリキュラムは、授業のまとまりとなる単元を、概念主導の教科横断的な探求の単元から国際バカロレア試験の教科へと段階的に移行していくように組んでいる。ＩＢＤＰという最後の２年間は、完全な教科制になるが、教科を包み込む「知の理論」「課題論文」「社会活動」が評価の対象となっていることと、教科の学術的専門レベルが米国でいう大学１、２年レベルの共通教育に匹敵することが特徴である。

第４章　ＰＹＰ（幼児・初等教育カリキュラム）

「あなた、今、誰と仲良くしているの？」

「誰って――みんな」

「じゃね、あなたのクラスでね、誰が一番出来る子だと思う？」「出来る子は誰？」

「出来る……って？」

「数学が出来るとか、作文が上手だとか、スペルをよく知っているとか」

「それはいるけど――」

「で、誰が一番よく出来る？」

「あのね、だれって――よくわからない。だって数学がとてもよく出来る子がいるでしょ、アダムみたいに。でもね、アダムはフランス語は出来ないんだよ、あんまり」「サアラなんかフルートはとても上手でしょう？　だけどソシアル・スタディのディスカッションの時なんて何もいえないしね……」[1]（町田操子『国境のない教育――国連国際学校――』）

教科の学力、総合点、教科の合計点での順位、これで頭の善し悪しが決まるものだと日本では長く信じ込まされてきた。これは、学力を測る約束事に過ぎず、別の見方もあるということを知ることがグローバル時代には何よりもまず必要だ。上記の親子対話は、今からもう40年も前のことになるが、日本人家族がニューヨークの国連国際学校で体験をしたことである。

これは、母親が小学4、5年生の子に問いただした場面だ。日本の社会、日本の学校で育った母親は、息子の亜土君の返事を聞きながら、この子は違う考えや、違う学力観を持っていることにはっと気づく。

「友だちをそんな風に眺めることなど考えてもみなかった」

「それらを全部ひっくるめて、だから誰が一番よくできるなんて一口にはいえない」

「どんな子にもすばらしいところがあり、ダメな面もあって、全部ミックスしてそれが友だちというもんなんだ(2)」

と。しかも、たとえ落第したとしても、子どもたちはその個性を尊敬している。

たとえば、かつての級友にピーターモアという子がいたそうだ。その子は落第しているのだが、ドラマの演出がとてもうまかった。そこで、ドラマの時間になったら、クラスのみんなが
「ピーターモアを連れてこうよ、去年はあの子の演出でこのクラスは成功した、彼がいないとやっぱり駄目だ(3)」

という話になり、落第しているその子を授業に引っ張ってきたのだそうだ。

通知表を見ても、子どもの育ちぶりが記述されているだけで、

「クラスの中の何番という見方はここからは出ない。また子どもたちもそうすることにあまり興味を示さないようである。」

そのために、母親はいらだつ。

「最初に感じたことは、子どもがその年齢にふさわしい学力を持っているかどうかをどこで見分けるのか、ということだった」

と述べている(4)。

そもそも、この小学校は、日本のように教科縦割りで、時間割を決めてそのとおりに、クラスで一斉に

同じことを学んだりしていなかった。たとえば、

「クラスの子どもたちは、それぞれの能力に合ったテキストを使って勉強している。たとえば、頭のいい子は四年生であっても五年や六年の算数の本を使っているし、遠い外国からやって来てまだ英語がよくできない子は、一年生の英語の本を読んでいるといった風である。体育や音楽は一斉に授業を受けるのだと思うが、それだってグリークラブに入っている子などは、他の子どもたちが授業をしている間に抜け出してコーラスをやっているし、オーケストラに入っている子は、作文の時間に音楽室へ行ってレッスンを受けるという具合になっている。はなはだしいのは美術の先生が、『壁に絵を描くから手伝って』なんて絵のうまい子を何人か授業中に連れて行ってしまうし、まあいってみれば大へん自由な授業ぶりなのである」

という具合だ。そこで、この母親は、

「この休み時間だか授業中だかわからないような勉強の仕方にいささか不満を持った。これではまるで寺子屋ではないか」

と嘆くことになる[5]。

真剣に、子どもを転校させようと、他の学校を探したそうだ。しかし、逆に、この国際学校こそニューヨークでは学力の高い学校として定評があることを知る。なぜなのか。母親は、

「年齢にふさわしい学力とはいったい何だろう」

と自問し、

「そんな基準は果たしてあるものだろうか」

と言い換えて、次のような結論に達する。

「子どもによっては、低学年のうちはぐんぐん伸びるが、ある時期には足ぶみ状態になる子だっているし、ある子は、かなり大きくなってから、自分が蓄えていたものを一度に発揮させることもある。そのように、はかり知れない能力を秘めた子どもたちを、一つの時期をとらえて同じ観点から評価することに何ほどの意味があるのだろう……」

そして、次のように納得する。

「亜土の級友をながめながら、私は時にそのようなことを考える。彼のクラスメイトは、それぞれが優れた個性の持主であった」

つまり、一人ひとりがそれぞれの伸び方をしていること、それが許される教育こそ意味があることを知ったという。(6) また、先のドラマの例で言えば、

「級友たちをこのように幅広い角度から眺め、その中に長所や特技を見出してゆく亜土のゆき方をよしとしている」

「まず間違いのない方向にむかっているようだ」

と思い始めたという。(7) 母親の学力観を変えたわけである。

現在もなお、多くの日本人は、テストの点数を上げることが教育だと考え、テスト準備することが勉強（学修）だと思っている。だが、テスト目的の勉強だけしていると、自分の人生への問い、自分の人生に向けた学び（学習）は、なかなか生まれてこない。本書は、今日の国際学校、なかでも国際バカロレアのカリキュラムを取り入れた学校を紹介しながら、日本の未来の教育を探ることにする。

●PYP教育課程の成立まで

初等教育カリキュラム開発、とりわけ国別に制度化されていた教科との擦り合わせの動きは、106校の国際学校で1991年から1997年にかけて「国際学校カリキュラム・プロジェクト（ISCP）」という形で続けられた。教科の擦り合わせはもちろん課題ではあったが、それよりも、時代の要請の方が強く意識された。

国際学校の教員や管理職を経験し、「国際学校カリキュラム・プロジェクト」の委員も務めたデニソン・マッキノン（Dennison J. MacKinnon）によれば、

「ISCPは、1990年代初めの急速に変化する世界において、あらゆる種類の課題と取り組んでいた国際学校で感じられていた必要性に応えるために開発されたものである。その課題は、カリキュラム内容の選択以外のことで言えば、適切な教育学と評価の技術から、脳がどのように動くかというようなテクノロジーと先端的研究から提示される課題と可能性の機会に至るまであった。ISCPの開発者たちは、新しいタイプの教育が国際学校に明らかに必要なこと、つまり21世紀の課題に応える教育、そしてまた『今日自分が子どもたちに教えたことを、子どもたちはどこでいつ使うのだろうか』という、日頃どの教師も抱く問いに行き着く教育だった(8)」

ということだ。この視点は、OECDの国際学力調査PISA開発に携わった人々が抱いたものと類似しており、グローバルな教育改革の動向と見なせるだろう。

ISCPの成果は、最終的に1997年に、3～12歳対象の「初等プログラム（PYP）」に引き継がれることになった。この時点で、PYP向けに「IB学習者像」が確立される。

その後、「ＩＢ学習者像」は、よりはっきりとグローバルな能力規定の流れに対応していくことになる。国際学校の管理部門にいたクリス・チャールソン（Chris Charleson）、トレイシー・モックスレイ（Tracy Moxley）、デイビッド・バッテン（David Batten）は、21世紀の学びの追求は、「新しい世界に向けてコンピテンスを発達させることに焦点を合わせ、国際性がありグローバルに関係づけられた学習環境への基本的な転換が要請されている[9]」という。３人が指摘した学力規定の参考資料は、主としてヨーロッパの政府および国際機関が作成したものとなっている[10]。

●ＰＹＰ教育課程

ＰＹＰの教育課程は、１９９７年に作成され、「ＰＹＰ（3-12 Primary Years Programme）」と呼ばれる。正確には、幼児・初等教育課程と訳すべきだろうが、日本でもＰＹＰで通用している。歴史的に見れば、この教育課程はＩＢプログラムとしては最後にできた部分であって、すでに国際学校で実際に行われていた教育を理念化し、さらに国際機関が提示する教育理念を比較考察しながら、21世紀を展望して作成されたものである。

とりわけ特徴的なことは、ＰＹＰの授業はコア・カリキュラムで編成されていることである。コアになる授業は、「探究の単元（Unit of Inquiry：UOI）」というものである。

「ＰＹＰでは、日本の学校でいう、国語、算数、理科、社会……といった、教科別の授業は行われません[11]」

こんな授業は、日本では、まず想定外のことだ。しかし、世界は動いている。世界のあちこちで実行さ

表４－１　国際バカロレア・カリキュラムの構造と学び方

	構造	学び方を学ぶ
PYP	科目横断的な探究の単元	科目横断的な概念とスキル
MYP	科目横断領域「交流」を含んで周辺と関係づけて編成された科目	「学習へのアプローチ」
IB	科目と結びついた知の理論を含んで周辺と関係づけて編成された科目	「知の理論(TOK)」

Janet Field. Subject-Based, Interdisciplinary and Transdisciplinary Approaches to the MYP. In Mary Hayden and Jeff Thomson (eds) *Taking the MYP Forward*. John Cat Educational Ltd., 2011, 65.　ただし、表は整理統合してある。

れているのだ。

教科の組み方は、国によって異なる。したがって、国際学校は、教科を超えた視点から授業を組み立てざるをえない。とりわけ、小学校の場合は、具体的な素材を使った方がより認識が高まると見なされている。

ＩＢ教師のジャネット・フィールド（Janet Field）によると、「全体的学習はＭＹＰのみに明確な基礎となっているが、科目横断的な性格は、程度の差こそあれ３つのＩＢプログラムの基礎にもなっている」という。その他に、「学び方を学ぶという科目横断的なプロセス」が３つのプログラムを結びつけているとして、ジャネット・フィールドは表４－１のようにその関係をまとめている。

●探究の単元

では、どのような視点から授業は組み立てられるのか。

表４－２のように、「探究の単元」は国際バカロレア機構が指定する「６つのテーマ」に沿って、各教科の知識を組み合わせて編成される。幼児教育段階では、「自分自身について」と「私たちの場所と時代」を含めて、４つのテーマで授業を編成していく。

この単元は、「６つの学問的視点」と呼ばれる領域ないし「教科領域」

表4－2　PYPカリキュラムの枠組み（知識部門の6テーマ）

私たちは何者だろうか（自分自身について）	以下のことを探究をする。自分の特性。信念と価値。個人の健康･肉体的健康･精神的健康･社会の健康･心の健康、家族･友人･地域の人間関係、文化。権利と責任。人間として生きることの意味。
私たちはどのような場所と時代に生きているのだろうか（私たちが置かれている場所や時代について）	以下のことを探究する。場所と時代。個人史。家庭と旅行。人類の発見、探検、移住。地域および地球規模で見る、個人と文明との関係とそのと結びつき。
私たちはどう自己を表現するのか（自己の表現方法について）	以下のことを探究する。発見する方法、考え･感情･特徴･文化･信念･価値を表現する方法。省察する方法、自己の創造性を広げ･楽しむ方法。美的なものの感知。
世界はどう動いているのか（すべてのことはどのように機能しているのか）	以下のことを探究する。自然界と自然法則。自然世界（物理と生物）と人間社会との相互作用。人間は科学原理の理解をどのように使うか。科学とテクノロジーの進歩が社会と環境に及ぼす影響。
私たちはどう自己を組織するのか（社会を体系づける方法について）	以下のことを探究する。人間が作った仕組みや地域の内部結合。組織の構造と機能。社会的な意志決定。経済活動と、人類および環境に対するその影響。
地球を共有すること（地球に共存する術について）	以下のことを探究する。限りある資源を他人および他の生物と分け合うために努力する権利と責任。地域およびその内外との関係。機会平等に向けた歩み。平和と紛争解決。

International School of Paris. *Primary Years Programme Curriculum Gide 2014-15*. 7.

の知識から、素材（教材）を取り出してそれらを組み合わせて編成される。つまり、「科目横断的な学習単元」が編成される。6つの学問的視点すべてを融合させる必要はなく、メインとなる領域が複数選ばれて、領域ごとに授業が組まれてもよい。要するに、ひとつのテーマが複数の学問的視点から6週間かけて探究されることになる。この仕事は、個々の教師が行い、学校の教員チームで調整される。

1単元は6週間かけて学習され、1年間で6ユニット、つまり「6つのテーマ」が学習されることになる。

最終学年には「卒業プロジェクト」に参加し、「発表会」という展示会を行う。これが、「最終評価」となる。たとえば5年生の場合には、この発表会は、「5

表4－3　6教科領域に関するパリ国際学校の説明

言語	話しことばコミュニケーション（聞く、話す）、書きことばコミュニケーション（読み、書き）、視聴覚コミュニケーション（見る、見せる）。「付加語としての英語（EAL）」「母語維持」が独自の授業として組まれる。5年生で、「発展カリキュラム活動（ECA）」に参加することも出来る。
数学	探求を支える乗り物。数学の成分は、データ処理、測定、平面図形と立体、図示と数式、数である。
科学	好奇心を促し、世界理解を発展させ、自分や他人、また世界に対する自分たちの行動の影響に対して責任をとる感覚を養う。科学の成分は、生物、地球と宇宙、物質、力とエネルギーである。
社会科	過去、現在、未来と関わらせて、人間、その環境、その社会を学ぶ。社会科の成分（Social Studies strands）は、人間の制度と経済活動、社会の組織と文化、時間的な一貫性と変化、人間と自然の環境、資源と環境。
芸術	生徒が自己の感覚を探し出し構成する、あるいは身の回りの世界への理解を発展させるような強力なコミュニケーション様式である。芸術の成分は、応答することと創造することである。
個人、社会、体育	もしくは、「体育（PE）」と「個人と社会の教育（PSE）」。個人の福利に関係する概念、知識、態度、技能を促進し、発達させることで、個人の福利に関係する。

International School of Paris. *Primary Years Programme Curriculum Gide 2013-14. 11-15.*

年生発表会」とも呼ばれる。生徒一人ひとりが、ＰＹＰの基本要素である「知識、概念、技能、態度、行為」の面から「力を発揮する」ことが要求される。

「6つの学問的視点」とは、表4－3ような6領域である。その場合、具体的な知識や技能は指定されているわけではない。

学校ごとに、カリキュラムは具体化される。いわば「教科書を自分で作る学習」だから、それに方向付けを与えるには計り知れない教師の力量が必要になる。子どもと同じく教師もまた日々学んでいるということになる。

●パリ国際学校

パリ国際学校は、2014年度には50周年を迎えた伝統ある学校だが、きわめて多くの情報を公開していて、とても参考になる(13)。パリ国際学校では、ＰＹＰの授業構成は表4－

3のようになっている。

追加教科として、パリ国際学校には「情報通信技術（ICT）」が設定されている。学校が下す評価については、その目的を次のように定義する。個々の牛徒および生徒の関心をはっきりと描くこと、その生徒が何をどのように考えたり学習しているか明確にすること、その生徒が学習している環境の効果を調べること、その生徒の学習を広げること、と定義されている。

また、評価の観点は、生徒が学習スタイルを変えているか、様々な文化経験・期待・ニーズを持っているか、学習のコンテクストに合わせて異なる振る舞いをしているか、自己評価と同僚評価を学習過程の一部として見ているか、学習過程における自分の達成度を知り・改善する部分を知ろうとしているか、評価結果を前向きで建設的なものとして受け取っているか、である。

宿題については、準備級（6歳児）の子どもには、親が母語で毎晩本の読み語りをすること、子どもと遊ぶこと、その日の出来事を子どもと話すこと、図書館の本を共有すること、できるだけ多くパリの街中を訪れることが要請されている。

1年生から5年生までの小学生には、母語か英語で生徒が毎晩少なくとも20分読書すること。親は、子どもが読書を継続し、また読書した本について話すように仕向ける努力が求められている。

宿題の目的は、家庭と学校の協力関係を発展させること、技能・知識・概念を強化し補強すること、学校での学習を発展させること、自己規律と組織秩序という重要な慣習を発達させることである。

宿題にかける時間は、次のように推奨されている。1～3年生は、週1時間の宿題と、毎晩の読書、できるだけ探究活動をすること。

4～5年生は、週2時間の宿題と、毎晩の読書、できるだけ探究活動をすること。

●デンマークのIBPYP

デンマークには、IBPYPの認定校が1校、IBMYPの認定校が1校、IBDPの認定校が13校あり、IBの認定校は13となっている。IBDPに比べれば、PYPとMYPの認定は少ない。

デンマークに人口6000人のビルン（Builund）という町がある。ここはレゴの発祥地でレゴランドと国際空港まで抱えている。この町は、生き残りをかけて、2013年8月に幼稚園と小学校を「ビルン国際学校」に変え、国際バカロレアのカリキュラムを採用した。2015年には小学校高学年と中学校も引っ越してくるということだった。国の政策と異なって学校を運営する場合には、独立学校、日本で言う私立学校と見なされ、8割の運営費が国費負担されることになっている。しかし、この学校は授業料を月5万円と定めている。村の財源は豊富なので、村民の負担はないものと思われる。

ビルン市にはレゴ本社、また近くにはジーメンスの工場があるので、世界各国から滞在者がいて、この小学校には25カ国の子どもが通っている。日本人も一人いた。1クラスは定員20名で設計されている。まだ正式のIB認定校ではないが、2014年の授業の様子を紹介しよう。

デンマークでは、6歳児が準備級扱いになって、最近、義務教育に編入されたばかりだ。だが、この学校は、幼稚園すべてを教育課程に編入している。つまり、6歳未満の子どもは保育と捉えられ、教育は行われていないのだが、この学校では教育をする対象にしているということである。案内してくださった先生の話では、他の学校よりもたくさん読書しているとのことであった。

2013年8月に開校したインターナショナルスクール

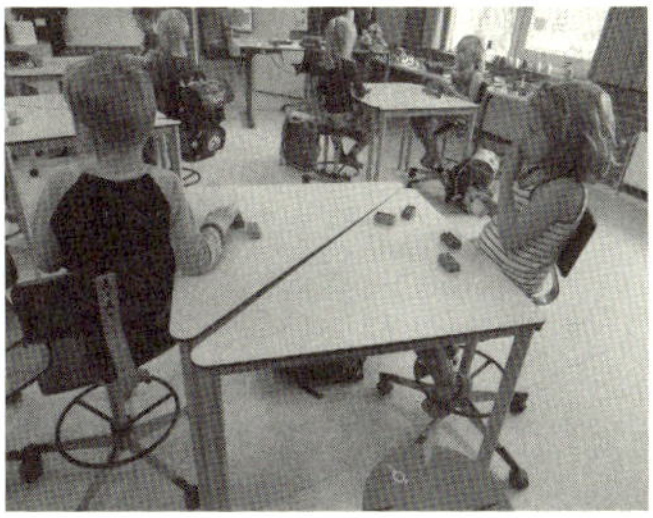

3年制の幼稚園と5年制の小学校が併設されている

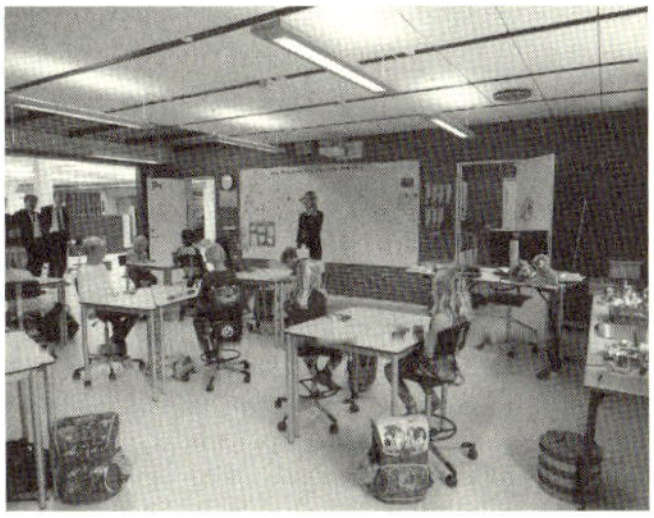

教材には、レゴがよく使われる

そうかなあ掲示板

「どうやって怒りを表現したらいいの」
マチルダとリナより

各教室の接合部分は図書コーナーになっていて、英語の図書のみが並べてあった

▼

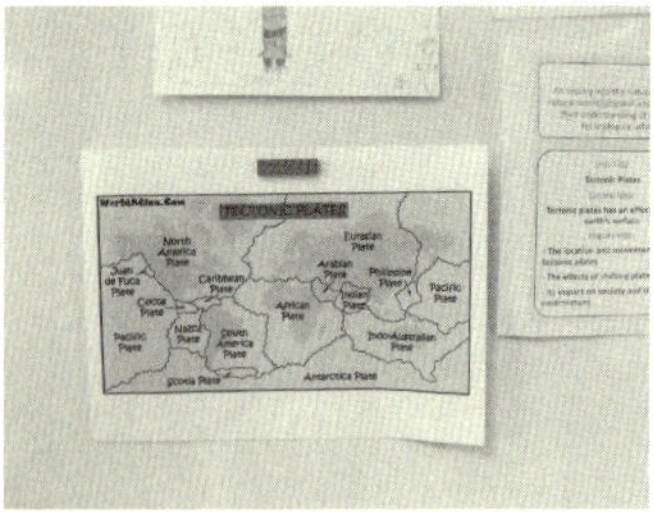

全学年共通のテーマが「地殻変動」だった。
ネットから取り出した英語のプレート図が壁に貼られている

小学生たちは、火山の歌を作詞作曲して合奏していた

一人だけで自習する子ども。共通の作業が終わったので、宿題をしているようだった

そこには図書館もあって、デンマーク語の図書が豊富だ。子ども用コーナーもある

カフェもあって、子どもたちは市民として図書館を利用する

先生がギターを弾いて、伴奏している

▼

学校のすぐ外には自然が広がり、

学校から徒歩3分でコミュニティセンターに到着する

教室には、デンマーク語の先生と英語の先生の二人が付いている。バイリンガル教育体制だ。

ビルン国際学校には、デンマークの学校にしては珍しく学校給食がある。集団生活を優先させたということか、これが国際標準と見なされたからか。ちなみに、北欧諸国は福祉国家として知られているが、デンマークには給食がない。食事は、個人の生活の範囲として捉えられていて、何をいつ食べるかは個人の判断に任されるべきだという、それほど自由と責任が個人に徹底している。

小学校担当のニス（Nis）先生の説明では、この学校では実践することを重視して授業を組み立てているという。学習したことの定着率を表現したラーニング・ピラミッドをプロジェクターに映し出し説明されたが、この学校では、図4－1の上から3～5段目にある「視聴覚」「実演」「討論」「実践行動」のレベルで授業をしているとのことであった。

グループワークがよいことは、子ども同士が互いを使って学べるということで、共同作業をすれば一人で学ぶよりも学習成果は定着する。これが、ニス先生の説明するビルン国際学校の学びのスタイルである。「デンマークでは協同学習が伝統的である。しかし、25カ国出身の子どもを見ていると、それぞれの国の学び方があるようで、協同学習など何をしてよいのか分からない子どももいる。たとえば、ドイツでは紙で学んでいて動こうとしない（机上で学ぶだけだ）」

「協同学習をすれば、子どもたちの資質もよく分かる。アイディアを出し、他人を説得して、グループ全体を動かす力、いわゆるリーダーシップを発揮する子が現れてくる」

ニス先生の説明では、ＩＢＰＹＰのカリキュラムと「デンマーク国家カリキュラム」とは手を使って学ぶなど「学習方法がとても似ていて」、デンマークでＩＢカリキュラムを実践することはそれほど難しくないとのことである。ではなぜＩＢを採用したのかという質問には、ジーメンスのような多国籍企業の社員はいずれ他国に移住する。その時、子どもたちがその国のＩＢ学校に通えれば、うまく転校していける。「しかし、子どもたちの探究を優先するとなると教師はすべてを知っていないと困ることになるのではないか」

という訪問団の質問に対しては、ニス先生は、

「子どもの調べてくることはすべて知っている方がよいが、そんなことはできない。知らないことが出てきたら一緒に探究しようという姿勢でよい。でも、教師は子どもよりずっとたくさん探究しなければならないが」

と答えた末に、

「教室には、『そうかなあ掲示板（Wonder Wall）』があって、子どもたちが何でも疑問や感じたことを書き付けている。子どもが答えを探してくることもある」

と解決法のひとつを紹介してくれた。

ニス先生は、有名なラーニング・ピラミッド（図４－１）をプロジェクターに映し出して説明してくれたが、ＩＢの学びもまた伝統的な知識暗記型の教育を否定する新教育に位置し、「自分で考え行動した上で得られた知識は本物だ」ということだろう。

「探究の単元（ＵＯＩ）」と呼ばれる「６つのテーマ」は、ビルン国際学校では表４－４のようになってい

る。確かに3、4歳児では、6つのテーマのうち、「自分自身について」と「私たちが置かれている場所や時代について」の2つを含む4つのテーマで授業を編成している。

この学校のテーマを見て分かるように、教科の知識よりも概念を優先させて教えていくというIBの手法が使われている。

デンマークのこの学校でキー概念と関連概念として扱われているものは、表4－4に見るようである。同じ表には、中心理念や探究の方向で扱われている概念も、表示されている。

そういえば、デンマークの高校生たちと話していると、誰もが「デンマークは小国なので英語が使えることが重要だ」「個人は自立してクリエイティビティとイノベーションで生きるしかない」「デンマークはデザインの国だ」などと言う。大人たちもそう言う。それが教育によって伝わっていて、社会のコミュニケーションによって確認され、人間の生き方や社会の在り方を決めている。知識の個々の中味ではなく、知識をつないだ総体の在り方の問題がしっかりと学ばれているということだろう。ちなみに、デンマークでは小学生でも英語がよくできる。

テーマの枠に従って、具体的にどのようなテーマを立てるのかは学校に任されている。ビルン国際学校では、表4－4のように7年間で一巡できるように具体的テーマを立てていて、7年間経過したら全部を取り替える予定だという。この7年とは、ビルン国際学校がカバーしているPYPの学年、幼稚園から小学校までの年数に合わせて決められたとのことである。

時間割（表4－5～12）を見てみよう。

朝食クラブとは、次のようである。6時30分から7時30分の間に到着した子どもたちが音楽教室に集合

図4－1　ラーニング・ピラミッド（ニス先生が見せた図）

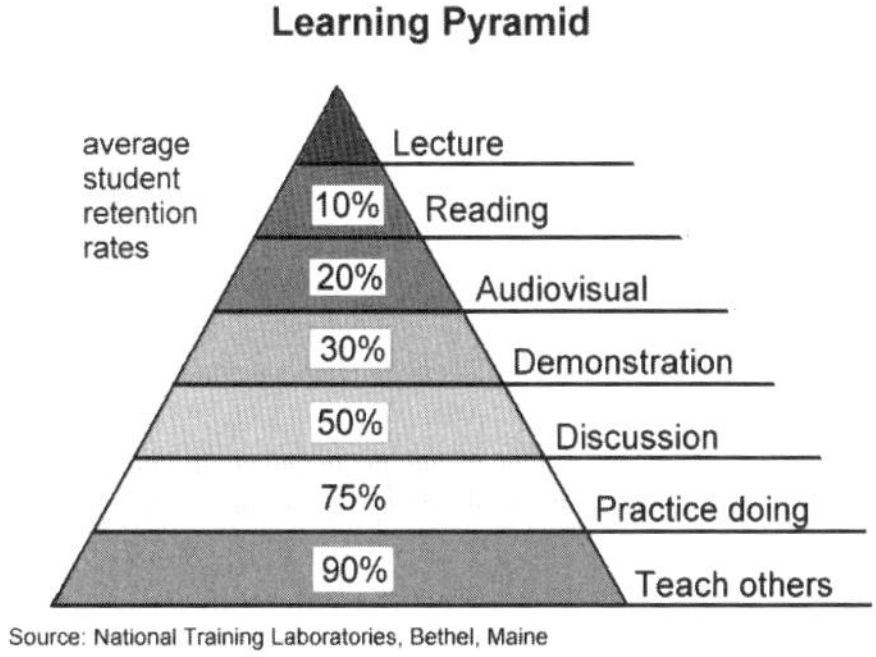

する。持参した朝食を一緒に食べる。7時55分以後に到着した子どもは、屋外で、8時のベルが鳴るまで遊ぶ。親はそこまで子どもを連れてきて、必要なものを子どものロッカーに置く。

探究の単元では、IB PYPの教育課程が、言語、算数、理科、社会科、芸術、体育の要素を統合して、いくつかの科目横断的なテーマに沿って実施される。この学校では算数が強調されていて、これはすでに学校紹介で知らせてある。特別教科として、いわゆる国語であるデンマーク語が学ばれる。クラスの子どもたちは、さらに小グループに分かれて指導を受ける。音楽の授業は、クラス担任が行う。体育は、体育館で行われる。デンマークの教育制度は、幼児期において創造と遊びに焦点を当てていることは世界的にもよく知られている。ビルン国際学校においても、これを重視すると学校の方針で述べられている。

「静かに自習」とは、寝たい人は昼寝をしてもよく、静かに読書したり、まだ終わっていない個人作業をしてもよい。また、その日のサークル時間の活動を続けてもよい。ゼロ学年（準備級）に当たる6歳児からはサークル時間がなくなり、演劇（Drama）の時間が始まる。

表4－4　ビルン国際学校のPYP科目横断的テーマ（2014年）

	PYP K1、K2 3､4歳	PYP K3、G1、G2 5−7歳	PYP G3、G4、G5 8−10歳
自分自身について（Who we are）	自分（Me） 中心理念: 自分はたくさんの異なる部分からでき上がっている キー概念: 形態と機能 関連概念: 類似と差異 探究の方向: 体の部位、私たちの能力、好きなことと嫌いなこと	家族（Family） 中心理念: 家族には異なる形態と人数がある キー概念: 形態、展望、振り返り 関連概念: アイデンティティ、文化、影響 探究の方向: 多様性がひとつの家族を作り上げている。家族における自分の役割、文化的な価値はどのように家族に影響を与えるのか	社会（Society） 中心理念: 社会は私たちがどのような個人になるのかに対して影響を与えてきた キー概念: 結合、振り返り 関連概念: 文化、ライフスタイル、影響 探究の方向: 私たちの信念、価値、文化的背景
私たちが置かれている場所や時代について（Where we are in place and time）	ゲームとおもちゃ（Games and Toys） 中心理念: 子どもが遊ぶゲームやおもちゃは長い時間で変化してきた キー概念: 形態、結合、展望 関連概念: 文化、コミュニケーション、予測、イノベーション 探究の方向: 親が遊んだゲームとおもちゃ、私たちが遊ぶゲームとおもちゃ、未来のゲームとおもちゃ	家庭（Homes） 中心理念: 立地条件、材料、文化がどのような家庭を作り出すかに影響を及ぼす キー概念: 形態、結合、展望 関連概念: 文化、ニーズ、所有、地域性 探究の方向: 家庭の性格、世界における家庭の類似と差異	探検（Exploration） 中心理念: 探検は新しい発見と機会に導く キー概念: 変化、結合 関連概念: 探検、歴史、イノベーション 探究の方向: 探検への歴史的ニーズ、探検への現在のニーズ、継続的探検の重要性

	PYP K1、K2 3､4歳	PYP K3、G1、 G2 5−7歳	PYP G3、G4、 G5 8−10歳
自己の表現方法について (How we express ourselves)	芸術（Art） 中心理念: 芸術は私たちが自分を表現できる手段である キー概念: 機能、結合、展望 関連概念: 想像、創造性、コミュニケーション 探究の方向: われわれが芸術を通して自分を表現する（express）多様な方法、われわれの情動がどのように芸術を通して表現されるのか、他人の活動への尊敬をどのように見せる（show）のか	デザイン（Design） 中心理念: デンマークはデザインで有名である キー概念: 形態、機能、変化、 関連概念: デザイン、目的、文化 探究の方向: デンマーク人デザイナー（過去と現在）、デザインの目的、自分のデザインを実現する	ストーリー (Stories) 中心理念: ストーリー･テリングには異なる方法がある キー概念: 展望、機能 関連概念: ストーリー、伝統、創造性 探究の方向: ストーリーの構造、ストーリー･テリングの伝統的方法、ストーリー･テリングの現代的方法
すべてのことはどのように機能しているのか (How the world works)		ライフ･サイクル (Life Cycles) 中心理念: 生き物の再生は種の継続に貢献する キー概念: 形態、変化、因果関係 関連概念: 再生産、選択、持続可能性 探究の方向: ライフ･サイクルの 部としての再生産、ライフ･サイクルの長さとタイプ、人間の選択はライフ･サイクルにどのように影響を与えられるのか	変動するプレート (Tectonic Plates) 中心理念: 変動するプレートは地球の表面に影響を及ぼす キー概念: 変化、因果関係、形態 関連概念: 環境、地理、隊形 探究の方向: 立地条件と変動するプレートの動き、移動するプレートの効果、社会と環境に与えるその影響

	PYP K1、K2 3、4歳	PYP K3、G1、G2 5−7歳	PYP G3、G4、G5 8−10歳
社会を体系づける方法について（How we organize ourselves）		**記号（Signs）** 中心理念: 記号とシンボルはわれわれが周囲を理解する助けとなる キー概念: 形態、機能、結合 関連概念: コミュニケーション、ニーズ、システム 探究の方向: 記号とシンボルの物質的特徴、記号とシンボルの根拠、存在させるシステム	**人権（Human Rights）** 中心理念: 政府のシステムと政府の決定は人権と自由を促進することも否定することもできる キー概念: 責任、振り返り 関連概念: システム、自由、選択 探究の方向: 異なるタイプの政府、政府の決定と人々へのその影響、人権を知る
地球に共存する術について（Sharing the planet）	**食物（Food）** 中心理念: 食べ物は訪れる場所によって異なる キー概念: 機能、変化、結合 関連概念: 文化、関係、生産 探究の方向: 食物の文化的な違い、食物が生産される異なる方法	**水（Water）** 中心理念: 水は生命を生かす（vital） キー概念: 因果関係、展望、責任 関連概念: 源泉、保全、相互依存 探究の方向: 水の源泉、水の重要性、水質保全	**自然資源（Natural Resources）** 中心理念: 地球の自然資源には限りがある キー概念: 展望、因果関係 関連概念: 不足、資源、不平等 探究の方向: 立地条件と自然資源の利用、自然資源へのアクセスの影響

表4－5　ビルン国際学校PYP K1（4歳児）　時間割（2014/15年）

	月	火	水	木	金
6:30- 8:00	朝食クラブ（Breakfast Club）				
8:00- 8:30	導　入（Setting In）				
8:30- 9:00	軽　食（Snack）				
9:00- 9:20	サークル時間（Circle Time）				
9:20-10:00	探究の単元	探究の単元	探究の単元	探究の単元と算数	探究の単元
10:00-11:00	体　育	探究の単元と算数	デンマーク語	音　楽	デンマーク語
11:00-11:30	昼　食（Lunch）				
11:30-12:15	屋内または屋外の遊び（Indoor/Outdoor Play）				
12:15-13:00	静かに自習（Quiet Time）	静かに自習	静かに自習	静かに自習	静かに自習
13:00-13:45 13:45-14:30	放課後クラブ（After School Club）				
14:30-14:45	軽　食				
14:45-17:00	放課後クラブ				

表4－6　ビルン国際学校PYP K2a（5歳児）　時間割（2014/15年）

	月	火	水	木	金
6:30- 8:00	朝食クラブ				
8:00- 8:30	導　入				
8:30- 9:00	軽　食				
9:00- 9:20	サークル時間				
9:20-10:00	探究の単元	探究の単元	探究の単元	探究の単元	音　楽
10:00-11:00	探究の単元と算数	探究の単元	探究の単元と算数	デンマーク語	体　育
11:00-11:30	昼　食				
11:30-12:15	屋内または屋外の遊び				
12:15-13:00	デンマーク語	静かに自習	静かに自習	静かに自習	静かに自習
13:00-14:30	放課後クラブ				
14:30-14:45	軽　食				
14:45-17:00	放課後クラブ				

表4－7　ビルン国際学校PYP K2b（5歳児）　時間割（2014/15年）

	月	火	水	木	金
6:30- 8:00	朝食クラブ				
8:00- 8:30	導　入				
8:30- 9:00	軽　食				
9:00- 9:20	サークル時間				
9:20-10:00	探究の単元	探究の単元	探究の単元	探究の単元	音　楽
10:00-11:00	探究の単元と算数	デンマーク語	探究の単元と算数	探究の単元	体　育
11:00-11:30	昼　食				
11:30-12:15	屋内または屋外の遊び				
12:15-13:00	静かに自習	静かに自習	静かに自習	デンマーク語	静かに自習
13:00-14:30	放課後クラブ				
14:30-14:45	軽　食				
14:45-17:00	放課後クラブ				

表4－8　ビルン国際学校PYP K3（6歳児）　時間割（2014/15年）

<table>
<tr><th></th><th>月</th><th>火</th><th>水</th><th>木</th><th>金</th></tr>
<tr><td>6:30- 8:00</td><td colspan="5">朝食クラブ</td></tr>
<tr><td>8:00- 8:30</td><td colspan="5">導　入</td></tr>
<tr><td>8:30- 9:30</td><td>探究の単元</td><td>探究の単元</td><td>探究の単元</td><td>デンマーク語</td><td>デンマーク語</td></tr>
<tr><td>9:30-10:00</td><td colspan="5">軽　食</td></tr>
<tr><td>10:00-10:45</td><td>探究の単元
と算数</td><td>音　楽</td><td>デンマーク語</td><td>屋内または
屋外の遊び</td><td>演　劇
(Drama)</td></tr>
<tr><td>10:45-11:20</td><td>デンマーク語</td><td>探究の単元
と算数</td><td>探究の単元
と算数</td><td>探究の単元
と算数</td><td>屋内または
屋外の遊び</td></tr>
<tr><td>11:20-11:50</td><td colspan="5">昼　食</td></tr>
<tr><td>11:50-12:15</td><td colspan="5">屋内または屋外の遊び</td></tr>
<tr><td>12:15-13:00</td><td rowspan="2">体　育</td><td>静かに自習</td><td>静かに自習</td><td>デンマーク語</td><td>静かに自習</td></tr>
<tr><td>13:00-13:45</td><td colspan="4" rowspan="2">放課後クラブ</td></tr>
<tr><td>13:00-14:30</td><td></td></tr>
<tr><td>14:30-14:45</td><td colspan="5">軽　食</td></tr>
<tr><td>14:45-17:00</td><td colspan="5">放課後クラブ</td></tr>
</table>

表4－9　ビルン国際学校PYP G1（7歳児）　時間割(2014/15年)

	月	火	水	木	金
6:30- 8:00	朝食クラブ				
8:00- 9:30	探究の単元	探究の単元	探究の単元 探究の単元と算数	探究の単元と算数 音　楽	探究の単元
9:30-10:00	軽　食				
10:00-10:45	デンマーク語	体　育	英　語	探究の単元	デザイン
10:45-11:30	探究の単元と算数		デンマーク語		
11:30-12:15	昼食と遊び				
12:15-13:30	演　劇	探究の単元と算数	体　育	英　語	デンマーク語
13:00-13:45	英　語	デンマーク語		デンマーク語	英　語
13:45-14:30	学　修(Study Hour)	学　修	初歩のレゴ(Junior First LEGO League)	学　修	学　修
14:30-14:45	軽　食			軽　食	
14:45-15:30					
15:30-17:00	放課後クラブ				

表4－10　ビルン国際学校PYP G2（8歳児）　時間割(2014/15年)

	月	火	水	木	金
6:30- 8:00	朝食クラブ				
8:00- 9:30	探究の単元	探究の単元	探究の単元	デザイン	探究の単元
9:30-10:00	軽　食				
10:00-10:45	デンマーク語	体　育	英　語	探究の単元と算数	探究の単元と算数
10:45-11:30	演　劇		デンマーク語	探究の単元	音　楽
11:30-12:15	昼食と遊び				
12:15-13:30	探究の単元と算数	探究の単元と算数	体　育	英　語	デンマーク語
13:00-13:45	英　語	デンマーク語		デンマーク語	英　語
13:45-14:30	学　修	学　修	初歩のレゴ	学　修	学　修
14:30-14:45	軽　食			軽　食	
14:45-15:30					
15:30-17:00	放課後クラブ				

表4－11　ビルン国際学校PYP G3（9歳児）　時間割(2014/15年)

<table>
<tr><th></th><th>月</th><th>火</th><th>水</th><th>木</th><th>金</th></tr>
<tr><td>6:30- 8:00</td><td colspan="5">朝食クラブ</td></tr>
<tr><td rowspan="2">8:00- 9:30</td><td>探究の単元と算数</td><td rowspan="2">探究の単元</td><td>デンマーク語</td><td rowspan="2">探究の単元</td><td rowspan="2">体　育</td></tr>
<tr><td>探究の単元</td><td>探究の単元と算数</td></tr>
<tr><td>9:30-10:00</td><td colspan="5">軽　食</td></tr>
<tr><td>10:00-10:45</td><td>英　語</td><td>探究の単元と算数</td><td rowspan="2">体　育</td><td>音　楽</td><td rowspan="2">探究の単元と算数</td></tr>
<tr><td>10:45-11:30</td><td>デンマーク語</td><td>演　劇</td><td>デンマーク語</td></tr>
<tr><td>11:30-12:15</td><td colspan="5">昼食と遊び</td></tr>
<tr><td>12:15-13:30</td><td rowspan="2">デザイン</td><td>デンマーク語</td><td rowspan="2">探究の単元</td><td>探究の単元と算数</td><td>英　語</td></tr>
<tr><td>13:00-13:45</td><td>英　語</td><td>英　語</td><td>デンマーク語</td></tr>
<tr><td>13:45-14:30</td><td rowspan="3">技術とロボット(Tech and Robots)</td><td>学　修</td><td>学　修</td><td>学　修</td><td>学　修</td></tr>
<tr><td>14:30-14:45</td><td colspan="4">軽　食</td></tr>
<tr><td>14:45-15:30</td><td colspan="4" rowspan="2">放課後クラブ</td></tr>
<tr><td>15:30-17:00</td><td></td></tr>
</table>

表4－12　ビルン国際学校PYP G4-5（10-11歳児）　時間割(2014/15年)

<table>
<tr><th></th><th>月</th><th>火</th><th>水</th><th>木</th><th>金</th></tr>
<tr><td>6:30- 8:00</td><td colspan="5">朝食クラブ</td></tr>
<tr><td rowspan="2">8:00- 9:30</td><td rowspan="2">探究の単元</td><td rowspan="2">デザイン</td><td>デンマーク語</td><td rowspan="2">探究の単元</td><td rowspan="2">体　育</td></tr>
<tr><td>探究の単元と算数</td></tr>
<tr><td>9:30-10:00</td><td colspan="5">軽　食</td></tr>
<tr><td>10:00-10:45</td><td>英　語</td><td rowspan="2">探究の単元</td><td rowspan="2">体　育</td><td>探究の単元と算数</td><td>探究の単元</td></tr>
<tr><td>10:45-11:30</td><td>デンマーク語</td><td>デンマーク語</td><td>探究の単元と算数</td></tr>
<tr><td>11:30-12:15</td><td colspan="5">昼食と遊び</td></tr>
<tr><td>12:15-13:30</td><td>探究の単元と算数</td><td>デンマーク語</td><td rowspan="2">探究の単元</td><td>音　楽</td><td>英　語</td></tr>
<tr><td>13:00-13:45</td><td>演　劇</td><td>英　語</td><td>英　語</td><td>デンマーク語</td></tr>
<tr><td>13:45-14:30</td><td rowspan="3">技術とロボット</td><td>学　修</td><td>学　修</td><td>学　修</td><td>学　修</td></tr>
<tr><td>14:30-14:45</td><td colspan="4">軽　食</td></tr>
<tr><td>14:45-15:30</td><td colspan="4" rowspan="2">放課後クラブ</td></tr>
<tr><td>15:30-17:00</td><td></td></tr>
</table>

表4－13　探究の単元　2014-15年度　年間カレンダー　PYP K1、K2

<table>
<tr><th>週</th><th>週の開始日</th><th>月</th><th>火</th><th>水</th><th>木</th><th>金</th></tr>
<tr><td>32</td><td>2014年
8月4日</td><td></td><td></td><td></td><td></td><td></td></tr>
<tr><td>33</td><td>11日</td><td colspan="5" rowspan="9">自分自身について（Who we are）</td></tr>
<tr><td>34</td><td>18日</td></tr>
<tr><td>35</td><td>25日</td></tr>
<tr><td>36</td><td>9月1日</td></tr>
<tr><td>37</td><td>8日</td></tr>
<tr><td>38</td><td>15日</td></tr>
<tr><td>39</td><td>22日</td></tr>
<tr><td>40</td><td>29日</td></tr>
<tr><td>41</td><td>10月6日</td></tr>
<tr><td>42</td><td>13日</td><td>秋休み</td><td>秋休み</td><td>秋休み</td><td>秋休み</td><td>秋休み</td></tr>
<tr><td>43</td><td>20日</td><td colspan="5" rowspan="9">自己の表現方法について（How we express ourselves）</td></tr>
<tr><td>44</td><td>27日</td></tr>
<tr><td>45</td><td>11月3日</td></tr>
<tr><td>46</td><td>10日</td></tr>
<tr><td>47</td><td>17日</td></tr>
<tr><td>48</td><td>24日</td></tr>
<tr><td>49</td><td>12月1日</td></tr>
<tr><td>50</td><td>8日</td></tr>
<tr><td>51</td><td>15日</td></tr>
<tr><td>52</td><td>22日</td><td>クリスマス休み</td><td>クリスマス休み</td><td>Chrismas Eve</td><td>Chrismas Day</td><td>Chrismas Day</td></tr>
<tr><td>1</td><td>29日</td><td>クリスマス休み</td><td>クリスマス休み</td><td>New Year's Eve</td><td>New Year's Day</td><td>クリスマス休み</td></tr>
<tr><td>2</td><td>2015年
1月5日</td><td colspan="5" rowspan="5">私たちが置かれている場所や時代について
（Where we are in place and time）</td></tr>
<tr><td>3</td><td>12日</td></tr>
<tr><td>4</td><td>19日</td></tr>
<tr><td>5</td><td>26日</td></tr>
<tr><td>6</td><td>2月2日</td></tr>
<tr><td>7</td><td>9日</td><td>冬休み</td><td>冬休み</td><td>冬休み</td><td>冬休み</td><td>冬休み</td></tr>
</table>

週	週の開始日	月	火	水	木	金
8	16日	私たちが置かれている場所や時代について（Where we are in place and time）				
9	23日					
10	3月2日					
11	9日					
12	16日					
13	23日					
14	30日	イースター休み	イースター休み	イースター休み	Maundy Thursday	Good Friday
15	4月6日	Easter Monday	地球に共存する術について（Sharing the planet）			
16	13日					
17	20日					
18	27日					Prayer Day
19	5月4日					
20	11日				Ascension Day Holiday	
21	18日					
22	25日	Whit Monday				
23	6月1日					Constitutional Day
24	8日					
25	15日					
26	22日					
27	29日	夏休み	夏休み	夏休み	夏休み	夏休み

表4－14　探究の単元　2014-15年度　年間カレンダー　PYP K3、G1、G2

週	週の開始日	月	火	水	木	金
32	2014年8月4日					
33	11日	自分自身について（Who we are）				
34	18日					
35	25日					
36	9月1日					
37	8日					
38	15日					
39	22日					
40	29日					
41	10月6日					
42	13日	秋休み	秋休み	秋休み	秋休み	秋休み
43	20日	私たちが置かれている場所や時代について（Where we are in place and time）				
44	27日					
45	11月3日					
46	10日					
47	17日					
48	24日					
49	12月1日					
50	8日					
51	15日					
52	22日	クリスマス休み	クリスマス休み	Chrismas Eve	Chrismas Day	Chrismas Day
1	29日	クリスマス休み	クリスマス休み	New Year's Eve	New Year's Day	クリスマス休み
2	2015年1月5日	自己の表現方法について（How we express ourselves）				
3	12日					
4	19日					
5	26日					
6	2月2日					
7	9日	冬休み	冬休み	冬休み	冬休み	冬休み

週	週の開始日	月	火	水	木	金
8	16日					
9	23日					
10	3月2日	社会を体系づける方法について（How we organize ourselves）				
11	9日					
12	16日					
13	23日					
14	30日	イースター休み	イースター休み	イースター休み	Maundy Thursday	Good Friday
15	4月6日	Easter Monday				
16	13日					
17	20日					
18	27日	すべてのことはどのように機能しているのか（How the world works）				Prayer Day
19	5月4日					
20	11日				Ascension Day Holiday	
21	18日					
22	25日	Whit Monday				
23	6月1日					Constitut-ional Day
24	8日	地球に共存する術について（Sharing the planet）				
25	15日					
26	22日					
27	29日	夏休み	夏休み	夏休み	夏休み	夏休み

表4－15　探究の単元　2014-15年度　年間カレンダー　PYP G3、G4、G5

週	週の開始日	月	火	水	木	金
32	2014年8月4日					
33	11日	すべてのことはどのように機能しているのか（How the world works）				
34	18日					
35	25日					
36	9月1日					
37	8日					
38	15日					
39	22日					
40	29日	私たちが置かれている場所や時代について（Where we are in place and time）				
41	10月6日					
42	13日	秋休み	秋休み	秋休み	秋休み	秋休み
43	20日					
44	27日					
45	11月3日					
46	10日	地球に共存する術について（Sharing the planet）				
47	17日					
48	24日					
49	12月1日					
50	8日					
51	15日					
52	22日	クリスマス休み	クリスマス休み	Chrismas Eve	Chrismas Day	Chrismas Day
1	29日	クリスマス休み	クリスマス休み	New Year's Eve	New Year's Day	クリスマス休み
2	2015年1月5日	自分自身について（Who we are）				
3	12日					
4	19日					
5	26日					
6	2月2日					
7	9日	冬休み	冬休み	冬休み	冬休み	冬休み

週	週の開始日	月	火	水	木	金
8	16日					
9	23日					
10	3月2日	社会を体系づける方法について（How we organize ourselves）				
11	9日					
12	16日					
13	23日					
14	30日	イースター休み	イースター休み	イースター休み	Maundy Thursday	Good Friday
15	4月6日	Easter Monday				
16	13日					
17	20日					
18	27日					Prayer Day
19	5月4日	自己の表現方法について（How we express ourselves）				
20	11日				Ascension Day Holiday	
21	18日					
22	25日	Whit Monday				
23	6月1日					Constit-utional Day
24	8日					
25	15日					
26	22日					
27	29日	夏休み	夏休み	夏休み	夏休み	夏休み

放課後クラブとは、幼児期の創造と遊びを屋外で行う。季節の天候に耐えられるような服装をすることになる。先生の説明では、雨に濡れてもよいような服装をさせているとのことであった。

室内にも、遊具があり、レゴをふんだんに使っていた。アメリカからやって来たビクトリア・コールバーガー（Victoria Kohlberger）先生は、背の高い滑り台を見せながら、

「私の育ったアメリカでは、親が危ないと言ってこんな遊具を使わせなかったのだけれど、ここデンマークでは使っている」

「アメリカでは安全をとっているが、デンマークではリスクの方をとっている」

つまり、人生にはリスクがつきもので、積極的に前に進みリスクや社会的責任を買って出ろという国風なのだということらしい。コールバーガー先生は、

「子どもが落ちるかと思ったけど、案外落ちないものね」

「私が心配したよりももっと危なくして遊んでいる」

と言う。子どもというものは、遊具があれば、大人の意図を超えていろいろな遊びを思いつくものだということのようだ。

「これまでけがもせず、何とかやっている。でも、アメリカでは考えられない」

とのことであった。

小学生になると、昼寝の時間はなくなり、何をどう学ぶかが予め系統的に決められた学修（スタディ・アワー）が始まる。

デンマーク国内では、小学校3年生から始まる英語を、この学校では1年生から教えている。英語の授

図4－2　ビルンPYP校の教室配置図

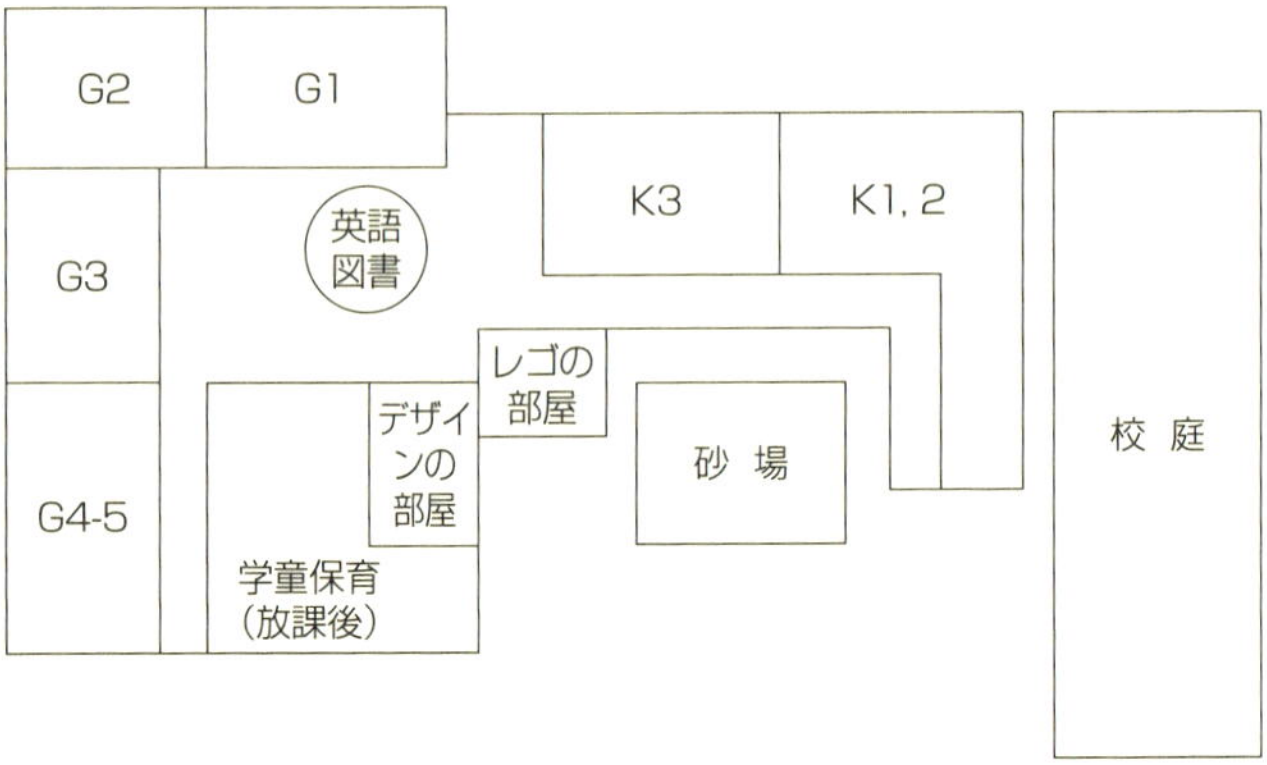

業時間数は多く、小学生では、デンマーク語が週5時限に対して英語は週4時限ある。

「探究の単元」の授業では、年間スケジュールに基づいてテーマ学習が行われる。しかし、教科の中で算数だけは特別で、テーマ学習を越えて探究の筋道が付けられるようにしてある。

図4－2のように、小学校の教室は図書スペースを取り巻くように配置されていた。図書スペースはオープンになっていて壁がない。そこには、英語の本しかない。その他の本は、歩いて5分の距離、それもまた自然いっぱいの散歩道を通って市の文化センターにある。子どもたちは、週1回は授業中にこの公共図書館を訪れ、デンマーク語の本やその他の文化に触れる。

テーマ「変動する地殻」で昨年度は火山を取り上げたので、この日、子どもたちは、訪問者を前に火山をイメージする歌を披露してくれた。また、子どもたちがどのように火山を手がかりに様々な知識を学んでいったかを学校側は説明してくれた。

このテーマは、6週間かけて学ばれる。レゴを使って地殻を表現し、5週間後に同じ作業をもう一度させるとその成果、子どもたちの発達の様子が分かるという。子どもたちは、早速、ネットで火山の画像を集めた。世界の活火山をエクセルの表に書き出したグループもあった。プレートの図をネットからプロジェクターで床に向けて投映し、模造紙を広げてサインペンでなぞって書き出した学年もあった。火山はなぜあるのか、テーマの核となるこの理解は知識がないとたどり着けない。教師は、子どもが理解の核心にたどり着けるように支援するファシリテーター（進行係）の役を果たすのだ。必要な知識は、いろいろな方法で入手できるものだ。子どもたちはその必要な知識をたくさん探し出してくる。

●東京インターナショナル・スクール

東京インターナショナル・スクール（東京都港区南麻布）では、表4－16から表4－22のような時間割で授業が行われていた。表中に「集会／祈り／日本人生徒集会（Assembly/Pastral/BI-Weekly Japanese Team Meeting）」とあるのは、宗教の違いで集まりの場所を変えるためである。

●フィンランドの小学校

フィンランドの小学校の時間割には、どこでも、表4－23のように不思議な×印が付けてある。

2006年9月に筆者が訪れたのはフィンランドでフレネ教育を実践するストロンベリ小学校であった(14)。この学校は、フランスで実践された文集作り、戸外の観察・体験、イニシアティブという子どもの積極的な校内活動を特徴とするフレネ教育を学校全体で実行している。また、わざわざ複式学級にして2年単位

表4－16　東京インターナショナル・スクールの時間割　2014-2015 K1

	月	火	水	木	金
8:30- 9:20					集会/祈り/日本人集会*
9:20-10:10					日本語(Japanese)
10:10-10:20	休み時間	休み時間	休み時間	休み時間	休み時間
10:30-11:20	日本語				音　楽(Music)
11:20-12:10		体　育(PE)	音　楽	体　育	
12:10-12:30	休み時間	休み時間	休み時間	休み時間	休み時間
12:30-12:50	昼　食	昼　食	昼　食	昼　食	昼　食
12:50-13:40	芸　術(Art)				
13:40-14:30					
13:30-14:20			芸　術	音　楽	

集会/祈り/日本人生徒集会　Assembly/Pastral/BI-Weekly Japanese Team Meeting

表4－17　東京インターナショナル・スクールの時間割　2014-2015 K2

	月	火	水	木	金
8:30- 9:20					集会/祈り/日本人生徒集会
9:20-10:10					日本語(Japanese)
10:10-10:20	休み時間	休み時間	休み時間	休み時間	休み時間
10:30-11:20		日本語	日本語	日本語	(Music)
11:20-12:10		音楽（K2A）		音楽（K2B）	
12:10-12:30	休み時間	休み時間	休み時間	休み時間	休み時間
12:30-12:50	昼　食	昼　食	昼　食	昼　食	昼　食
12:50-13:40					体育（K2A）
13:40-14:30	音楽（K2B）				体育（K2B）
13:30-14:20	音楽（K2A） 体育（K2B）		体育（K2A）		

表4－18　東京インターナショナル・スクールの時間割　2014-2015 G1

	月	火	水	木	金
8:30- 9:20					集会/祈り/日本人生徒集会
9:20-10:10					体育（G1A） 芸術（G1B）
10:10-10:20	休み時間	休み時間	休み時間	休み時間	休み時間
10:30-11:20					
11:20-12:10	体育（G1A） 音楽（G1B）		音楽（G1A） 体育（G1B）		芸術（G1A） 体育（G1B）
12:10-12:30	休み時間	休み時間	休み時間	休み時間	休み時間
12:30-12:50	昼　食	昼　食	昼　食	昼　食	昼　食
12:50-13:40	日本語	日本語	日本語	日本語	日本語
13:40-14:30					
13:30-14:20					

表4－19　東京インターナショナル・スクールの時間割　2014-2015 G2

	月	火	水	木	金
8:30- 9:20			体育（G2A） 音楽（G2B）	体育（G2A） 芸術（G2B）	集会/祈り/日本人生徒集会
9:20-10:10			音楽（G2A） 体育（G2B）	芸術（G2A） 体育（G2B）	
10:10-10:20	休み時間	休み時間	休み時間	休み時間	休み時間
10:30-11:20					
11:20-12:10					
12:10-12:30	休み時間	休み時間	休み時間	休み時間	休み時間
12:30-12:50	昼　食	昼　食	昼　食	昼　食	昼　食
12:50-13:40					
13:40-14:30	日本語	日本語	日本語	日本語	日本語
13:30-14:20					

表4－20　東京インターナショナル・スクールの時間割　2014-2015 G3

	月	火	水	木	金
8:30- 9:20	体育（G3A） 音楽（G3B）				集会/祈り/ 日本人生徒 集会
9:20-10:10	音楽（G3A） 体育（G3B）				
10:10-10:20	休み時間	休み時間	休み時間	休み時間	休み時間
10:30-11:20					
11:20-12:10					
12:10-12:30	休み時間	休み時間	休み時間	休み時間	休み時間
12:30-12:50	昼　食	昼　食	昼　食	昼　食	昼　食
12:50-13:40		体育（G3A） 芸術（G3B）			
13:40-14:30		芸術（G3A） 体育（G3B）			
13:30-14:20	日本語	日本語	日本語	日本語	日本語

表4－21　東京インターナショナル・スクールの時間割　2014-2015 G4

	月	火	水	木	金
8:30- 9:20		体育（G4A） 音楽（G4B）			集会/祈り/ 日本人生徒 集会
9:20-10:10		音楽（G4A） 体育（G4B）		演　劇 （Drama）	
10:10-11:00					
11:00-11:20	休み時間	休み時間	休み時間	休み時間	休み時間
11:20-12:10	日本語	日本語	日本語	日本語	日本語
12:10-12:30	昼　食	昼　食	昼　食	昼　食	昼　食
12:30-12:50	休み時間	休み時間	休み時間	休み時間	休み時間
12:50-13:40			体育（G4A） 芸術（G4B）		
13:40-14:30			芸術（G4A） 体育（G4B）		
13:30-14:20					

表4－22　東京インターナショナル･スクールの時間割　2014-2015 G5

	月	火	水	木	金
8:30- 9:20	日本語	日本語	日本語	日本語	集会/祈り/日本人生徒集会
9:20-10:10		演　劇			
10:10-11:00		演　劇			日本語
11:00-11:20	休み時間	休み時間	休み時間	休み時間	休み時間
11:20-12:10					
12:10-12:30	昼　食	昼　食	昼　食	昼　食	昼　食
12:30-12:50	休み時間	休み時間	休み時間	休み時間	休み時間
12:50-13:40	体育（G5A）			体育（G5A） 音楽（G5B）	
13:40-14:30	体育（G5B）		芸術（G5B）	音楽（G5A） 体育（G5B）	
13:30-14:20			芸術（G5A）		

で小学生の伸びに柔軟に対処できるように工夫している。ただし、表4－23、24のように時間割に×を付けて教師の判断に任せるやり方は、フィンランド中の小学校で行われている。

ハマライネン（Johanna Hämäläinen）先生は、3年生16人と4年生8人を担任する。クラスの愛称は「アザラシ（Nölpa）」である。先生は、オーストラリアに2年留学していたので、英語は得意である。また、オーストラリアでは、アジア人と仲良しになったといって、日本人である筆者にも積極的に話しかけてきた。

ヘルリオ（Tiina Herlio）先生は、6年生の担任である。クラスは、25人で、Aグループ13人、Bグループ12人に分かれている。これは、昨年までの持ち上がりとの関係もある。

クラスの愛称は、「ナーリ（狐のようなオオカミのようなもっと大きな幻想の動物）」だ。

ヘルリオ先生は、知的で落ちついていて、声が低くて、静かである。授業のテンポは、ゆっくりのんびりとした

表4－23　フィンランド、ストロンベリ小学校アザラシ学級の時間割（３年生）

	月	火	水	木	金
815 - 900	Aグループ Bグループ （理科か算数）	体育	×		×
900 - 945			×		全校活動
1015 -1100	×	×	３年英語 ４年英語	３年英語 ４年英語	Aグループ Bグループ
1100 （給食） -1230	× 週間計画		×	美術	（別活動）
1230 -1315	×		Aグループ		× 週間総括
1315 -1400	Bグループ				Bグループ

ものだ。そのせいか教室には、じっくり考えるという知的な雰囲気が漂っている。

表４－24の時間割にある「英語１／２」とは、Aグループが別室で別の先生に英語を習い、Bグループはヘルリオ先生の下で先生の決めた授業（×印）を行い、次の時間になると入れ替わるというものである。

フィンランドの教育原理は、社会構成主義である。子どもが自ら知りたいという意欲を持ち、なぜだろうと探究し、いろいろと考えながら確かめて、自分なりに納得したことがその人の知識というわけである。これを知識に関する構成主義という。一人で考えるのではなく、他人との関わり、社会の事物との相互作用があれば、より確実で、より内容のある知識になる。これを社会的な構成主義と名付け、「社会構成主義」と和訳されている。教育学では、経験主義とか活動主義と呼ばれるが、フィンランドでは社会構成主義と呼んで、系統的な学習を教師が条件付けている。そのために教師たちは、一人ひとりに合うように、「オーダーメイド」の教育を実施できるように育ちかつ大学で養成

表4－24　フィンランド、ストロンベリ小学校ナーリ学級の時間割（6年生）

	月	火	水	木	金
815 - 900	英語1/2（半分は英語、残りは×）	工芸	美術	体育	×
900 - 945					全校活動
1015 -1100	×	×	×	環境	×
1100（給食）-1230					
	×	×	×	環境	×
1230 -1315	音楽	×	英語1/2（半分は英語、残りは×）	歴史	×
1315 -1400					
				体育（奇数月）	

され、日々学び、日々実践している。

●現実的な問題点

アクティブ・ラーニングは、一人ひとりに合ったオーダーメイドのカリキュラムの延長に「学習（ラーニング）」として考えられている。日本はまだ、全員が同じカリキュラム、同じトラックを走るという「学修（スタディ）」から抜け出せないでいるが、フィンランドでは、どの学校でもアクティブ・ラーニングが可能になっている。それだけ、教育インフラが整備されているのだ。とりわけ、教師の質が高いと世界の研究者たちから評価されている。

フィンランドの教師は、医師と同じく、一人ひとりの生徒に合わせて授業を創造し、学ばせることができる力がある。だから、生徒もまた学ぶのだ。フィンランドに留学したある米国人大学生は、次のように言っている。

「フィンランドの学校は、生徒の中に、施設や先生たちに対する尊敬の念を養っていました。教師になるまでに長い人生を費やして大変な勉強をしてきているというのも、理由としてあるかもしれません。教員がどれほどのことを成し遂げてきたのかが、生徒たちにもよく分かっていたのだと思います[15]」

フィンランドの例をとると分かるように、教師養成教育研究の世界的権威であるアンディ・ハーグリーブズ（Andy Hargreaves）とマイケル・フーラン（Michael Fullan）は、「教育費は人的資本開発に向けた長期的投資である」ことと、教育先進国では「投資の大部分が高度な質の教師と授業である」ことを指摘し、教育効果を上げようとするならば教師という「専門職資本」にこそ投資すべきだと主張している[16]。

それに比べて、米国では、教師の専門性が低いという非難があり、歴史上繰り返し政治問題化してきた。米国では、PYPが普及し、今日では400校以上の認定校があり、そのうち30％は公立学校である。国際バカロレア・カリキュラムの基準と共に、米国の基準も満たさなくてはならない。これは至難の業である。なぜなら、2001年採択、2002年施行の『落ちこぼし防止法（No Child Left Behind Act）[17]』は、各州に学力テストを義務付けるものであった。米国のIB認定公立学校にとって、「そのような学校には、国とIBの異なる要請を両方とも考慮しなければならず、IBの基準と同時に国からの命令も満たさなくてはならないという緊張が明らかに続いていく[18]」

それでも、米国では日本と同じように、「国家標準（state standards）」に基づきかつ「ハイステークス・テスト（high stakes testing、社会的に注目されるテスト）」で評価される状態にありながら、100校を超える公立小学校でも国際バカロレア・カリキュラムが実施されているというのは驚きと言うほかはない。

第5章　MYP（中等教育カリキュラム）

「PYPとMYPはIBに比べれば明確な定義がほとんどない。IBが標準ハイスクールから区別されるようには、米国の標準小学校や標準中学校から区別できない。MYPは2002年に米国教育省から拡大支援のための資金を獲得したが、急速な成長はなかった。それでも、北米IBの職員は、PYPもMYPも、それぞれが2010年までにはIB校をしのぐ数になるだろうと予測している」[1]（ジェイ・マシューズ、アイアン・ヒル『スーパー・テスト』）

なぜPYPやMYPが米国の公立学校に入っていけたのか。それは、米国の教育政策と強い結びつきが作られたことと、米国の学校にとってそれほど違和感のない方法だったからのようだ。引用文中のIBとは、IBDPのことである。つい最近まで、IBが、PYP（初等教育プログラム）、MYP（中等教育プログラム）、DP（ディプロマ・プログラム）と一体化したカリキュラムとは捉えられていなかった。

●MYPとは

MYPは、11歳から16歳を対象にした中等教育課程である。5年間が普通だが、4年間にすることもできる。この段階でも、国際的な公用語は決められておらず、何語で学んでもよい。教科の規定も緩やかなので、各国の教育制度に合わせて、その国の学習指導要領を運用することが可能になっている。

国際バカロレア中学校教育課程（IBMYP）は、国外で学ぶ生徒に対して、国際的に認知された大学入学資格を提供する国際バカロレア・ディプロマに接続することを前提に開発されたものである。

もともと、国境を越えて通用する大学入試制度を作り出すことが、国際バカロレアを生み出す目的であった。この動きは、１９６０年代後半に結実し、１９７０年に最初の統一テストが開始されている。しかし、国際バカロレア試験につながる前の段階の学校教育を国際的に統一しようという動きは、１９９０年代に始まる。というのも、近代国家の原則として、教育は国家の重要な内政だったので国境を越えて問題にされることはなかった。

しかし、大学入学という学校教育の出口の問題は、結局は学校教育の中身に関わっている。ＩＢＤＰプログラムは様々な国で認められ発展すればするほど、各国で「国内中等学年のプログラムとのミスマッチ」が意識されるようになった。そこで、「国際学校協会（ＩＳＡ）」が中心となって１９８０年代末に「国際学校協会カリキュラム（ＩＳＡＣ）」が開発された[2]。１９８８年にこのカリキュラムが、ヨーロッパと北米とラテン・アメリカにおける学校に試験的に導入されるまでに発展した[3]。さらに、１９９０年代初めには実践で確かめられながら発展させられて、１９９４年には「11－16歳　ＩＢ中等プログラム（11-16 IB Middle Years Programme）」となった。

●ルノーの判断

ちょうどこの成立当時に、国際バカロレア・ディプロマのカリキュラムを策定した中心人物のジェラード・ルノーが教育誌のインタビューで答えている。「教育の国際哲学」と題されるこのインタビュー記事は、ＭＹＰを作成する指針をよく表している。

ＩＢＤＰは「目前の受験」と「大学の要請への依拠」という制約を受けていると、ルノーは考えた。それは、「教育の国際システムの哲学に実際に一致するようなカリキュラムの運用」に深刻な制限が課されているということだ。

それに比べると、受験に直接つながっていないので、より大きな自由を教師に許容し、前「国際学校協会」議長のロバート・ベレイスレ（Robert Belle-Isle）が「国際ヒューマニズム」と定義した国際教育の精神を「国際学校協会カリキュラム（ＩＳＡＣ）」で発達させることができるとルノーは考えた。(4)

●国際学校協会カリキュラムの3原則

ルノーは、国際学校協会カリキュラムには、「グローバル性」「コミュニケーション」「異文化理解」という「ガイドライン的な原則」があるという。

第1に、「グローバル性」だが、学校は生徒に「思春期の若者」が直面する複雑な世界に関して「状況や問題のグローバルな視点」を与え、学習分野を「相互に関連させ、また相互に補完して理解させる」べきである。ただし、「いわゆる『教科横断的』」というだけでは、「精神的混乱か現実の表面的な把握に陥ってしまう」ので、「『教授の領域』で内的に結びつけられる」ように各領域の教育には「特別な方法論（specific methodology）」を必要とするのだと、ルノーは指摘する。

ＩＢＤＰでは教科に分かれた授業になるので、その前に、学びの対象を「全体的に」把握できるようにするという意図である。

第2に、国際学校協会カリキュラムでは「コミュニケーション・スキル」が重視されている。学習者は、「かつては知識の受け手と見なされていたが、ますます行為者になりつつある」（強調はルノー）とルノーははっきりと指摘する。コミュニケーション力は、「様々な教科を効果的に学習するために」「社会的交流を発展させるために」「パーソナリティの結合、つまり『自己確立の手段』のために」必要である。また、その他すべての形態の「表現とコミュニケーション」、とりわけ芸術がこのプロセスに含まれる。

第3に、国際学校協会の歴史から見るように、国際学校協会の「基本的使命」は、未来の社会に生きる若者の間に国際理解を促進することである。

「国際学校協会カリキュラムの国際的な性格は、言語、人文学、芸術といった特定のシラバスの内容の中に反映されているだけでなく、同一の問題や話題についても異なるアプローチの仕方を生徒に気づかせることで、方法論の中にもまた反映されているのだ。共通の価値という場合にも、違いを認めることも意味するのだ」(5)（強調はルノー）

「若者たちが生き、働かなくてはならない世界は、相互理解と協同の世界となるに違いない」(6)

とルノーは明言した。

●国際学校協会カリキュラムの構造

MYPは「二層式カリキュラム」をとっていて、一般に流布している「学習プラン図」（図5－1）と呼ばれるものでは、外側に教科の多角形が配置されている。ルノーの説明では、教科は中学年ではカリキュラムの伝統的な基本要素であるが、「教授ー学習過程全体で第一義的なものと考えてはならない」という。学習プラン図の内側には、5つの「相互交流領域」が3つの同心円で配置されている。この内容は、「様々な科目の教師によって、その教師自身のプログラムで、分かち合われるべきである」(7)（強調はルノー）

とルノーは主張する。

つまり、教科の部分は伝統的な知の集積に向いているが、内側に描かれた相互交流領域という精神発達の部分は学習者自身の活動に対する個別の働きかけを前提にしているということである。

3つの同心円部分（図5－1）を、ルノーは以下のように説明している。[8]

第1円「学習へのアプローチ（approaches to learning）」について、

「これは、方法全体、教育活動全体の効果が依拠する条件への鍵となる。教師たちは、共に働きながら、学校の活動にアプローチする何らかの方法で生徒を教える。この働きは、分析と総合の精神や独立活動への好みを植え付けながら、徐々に概念的な側面へと導いていく。最終的に、国際バカロレアが意図するように、このことは知の理論への導入となるだろう」

第2円「地域サービス（community service）」について、

「国際学校協会は、知的な訓練だけを教育とは見なさない。若者は、学校の内外で、環境の社会的な現実性と向き合うようにされるべきだ。このような経験を通して、若者は自分自身の責任を発見するだろう。しかし、このような活動は、生徒の精神発達の様々な段階で、宇宙や社会の構造に関する彼らの認識を尊重しながら、個別対応されるべきである」

第3円「健康・社会教育、環境、工作人（health and education, environment, homo faber）」について、

「3つのトピックは、緊密に結びついている。相互交流領域の一般原理によれば、人類の間にあるグローバルな諸問題と国際連帯を生徒に知らせるこれらのトピックは、教室において特別の教科で提示されるべきものではない」

図5－1　学習プラン図

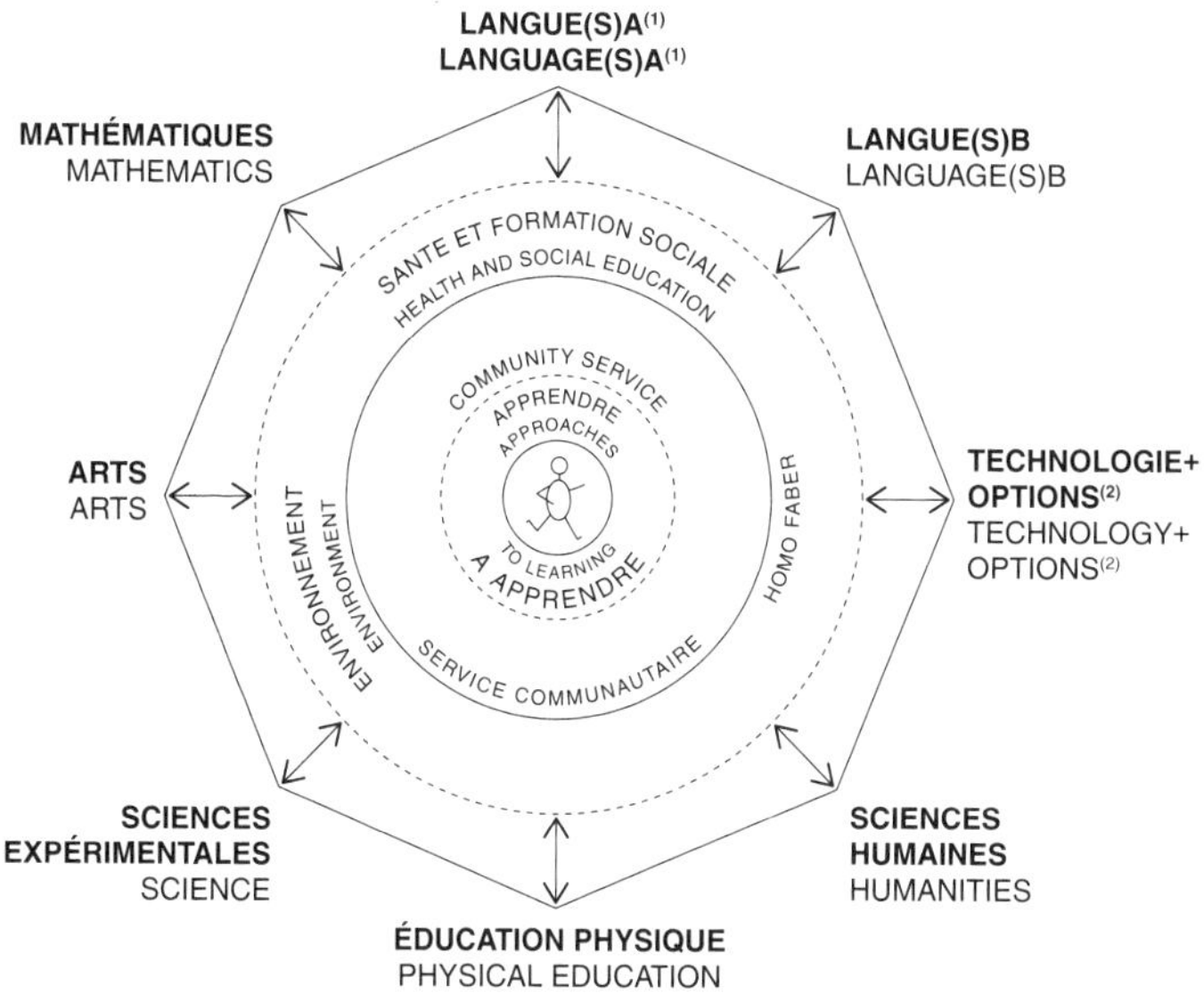

Gerard Renaud. The International Schools Association (ISA): Historical and Philosophical Background. In World Year Book 1991, London: Kogan Page, 1991, 11

　このようなルノーの説明を理解すると、国際バカロレア・カリキュラムが、「経済人」ではなく「工作人（homo faber、ものを作る人間）」という人間像にこだわっていることがよく分かる。

●国際学校協会カリキュラムで学習した成果の評価

　ルノーは、「評価の手順」についても、はっきりと見解を述べている。彼は、いかなる教育過程も、「効果的であるために」、また「教師、親、生徒自身に次の教育段階へのオリエンテーションの器具を提供するために」、「『測定される』必要がある（need to be 'measured'）」とする。このような目的から、「国際学校協会（ＩＳＡ）は、特に定期『試験』を避けながら、評価を最終目的とは考えない」のだと、ルノーは明言する。(9)

表5－1　MYPの生徒の学習形態

MYPの要素 (element of MYP)	創造性を育成するために生徒が促されること。 (to foster creativity, students are encouraged to)
構成主義的な学習アプローチ	意味深いコンテクストで学習する。不確かさを管理する。生徒の興味を探究する。
交流領域、重要概念、質問単位	探究への教科横断的なアプローチをとる。超過時間がかかるオープンエンドの質問を探究する。教師の計画の中に教師が果たす創造性のモデルを見つける。
思考スキル	教科間の結びつきを見つける。効果的な探究に向けて、スキルだけでなく、志向を発達させる。質問を一般化し発展させ、問題を設定し、新しい解決を創造する。
評価	評価の作業において創造的であること。問題を再編成して創造的な解決を発展させられるように自己の考えを分析し批判する。協働するが競争はしない。頻繁に自己評価と振り返りを行う。
創造性の社会化	集団で学習する。自分たちが学んでいることについて他者とコミュニケーションする。
特定化された知識	知識を見つけ出すためにそれぞれ教科は特定の方法とスキルを使っていることを理解する。多様な分野の知識において専門性と創造性を発展させる。

Éanna O'Boyle. Creativity and the MYP. In Mary Hayden and Jeff Thomson (eds) *Taking the MYP Forward*. John Cat Educational Ltd., 2011, 84.

●創造的な学びのために

IBMYPでは、「構成主義的な教育アプローチ[10]」が強く求められている。

IB教師のエアンナ・オボイル（Éanna O'Boyle）は、MYPの生徒の学習形態を表5－1のように整理した。「協働するが競争はしない（collaborate and not compete）」という指摘は興味深い。

●今日のIBMYPの哲学

MYPの哲学は「3つの基本概念」とも呼ばれる。

第1の哲学は、IBMYPでは、「全体学習」が尊重されることである。

知識やスキルを排他的に、つまり重ならないように教科に分割するというのがこれまでの伝統的な教科型カリキュラム論の編成方針であった。IBは、これを否定し、できるだけたくさんの異なる教科、スキル、経験に生徒が接するようにして、知識を「内的な関係を持つひとつの全体」と見なすように学習する機会を持たせている。こうすることによって、生徒は様々な力を発揮し、個人的な達成感を獲得するというのである。

知識やスキルを漏れなく重ならないように配置するという教科型カリキュラムではなく、「概念主導カリキュラム」という原則が導かれるのも、この「全体学習」という哲学に基づくからである。

第2の哲学は、IBMYPでは、「異文化知識と異文化間コミュニケーション」が強調される。多文化社会においてすべての生徒を対象とすれば、カリキュラムは、生徒たちの異なる展望（perspectives）を反映し、それに責任を持てるようにするのが理想である。その上で、生徒が「自分自身の見方、しかも国際的な見方」を形成するように案内すべきである。そのため、複数の言語間、あるいは複数の教科をコミュニケーション（交流）させるスキルが強調される。

第3の哲学は、IBMYPは、「生徒中心主義」であることだ。これは、「児童中心主義」という1920年代の国際新教育運動に通じる哲学であり、かつ今日の「構成主義」につながる哲学である。子ども一人ひとりに合わせられるような「学校別カリキュラム」を作成するのが普通である。

ところが、伝統的な学校教育は、個々の生徒の条件や状況を無視し、学校はその土地に関わりなく画一的な問題場面を設定してどの子も一律に指定された知識やスキルを教え込んできた。これを、教育史では「系統学習」と呼んでいるが、教科の系統、学問の系統という鋳型に子どもの発達を合わせるという意味である。このような伝統的な方法ではイノベーションは起きにくい。IBMYPでは、「生徒が自分自身の学習過程を知り、生涯にわたって学習を継続するために必要なスキルを発達させること」が決定的に重要だと見なしている。

言い換えれば、ＩＢＭＹＰでは「学び方を学ぶこと」「学び続ける力」こそが求められており、また生涯学習社会の中で能力が開花するという展望が描かれているということである。

以上が、ルノーが語ったＩＢ教育の原理に関する歴史的な考察である。

●概念主導カリキュラム

知識獲得を目標にしなければ、何を課題にするのか。それが、「概念主導カリキュラム」と呼ばれる授業である。概念は、個々の知識やスキルを超えた「原則や理解」を提供する。ＩＢＭＹＰでは、「キー概念」や「関係づけられた概念」を特定している。これがあれば、各国の厳格なカリキュラムにも対応でき、学校別のカリキュラムをとっても、ＩＢ校同士で国際的に価値を共有できると考えられている。

概念主導カリキュラムは、生徒が「教科・専門で関係づけられた概念を学修すること」で、複雑でグローバルな課題を分析し、より深い教科の理解を促して、「批判的、創造的、概念的な思考が高水準で達成する」ように生徒を励ますものだとされる。たとえば、２０１３年11月28日に訪問した東京学芸大学附属国際中等学校では、「水」を概念として、化学の授業としてはＤＨＭＯ（ジ・ハイドロジェン・モノ・オキサイド）というH_2Oの結合の特性を学び、生物の授業としては現代的な課題である環境問題を、開発という政治的な課題まで含めて教科横断的に学んでいた。

●グローバルコンテクスト

各教科の指導上の観点あるいは教科の内容は、「テーマ枠」ないし、「グローバルコンテクスト」と呼ばれ、これが教科の上位概念である。授業は、「グローバル・コンテクスト」と呼ばれるテーマあるいは展望に沿って編成される。つまり、教科内容がむき出しになって授業になるわけではない。生徒が、現実世界と教室での学習の間に、意味あるつながりを付けられるよう励ますために設定されるものである。

このグローバルコンテクストは、2013年度まで「相互作用領域（AOI）」と呼ばれていたように、PYPの教科横断的テーマに相当する。「学習の姿勢」「地域とサービス」「健康と社会教育」「環境（多様な環境）」「人間の創造性」という5つのグローバルコンテクストがあった。

教師がグローバルコンテクストを設定する際には、次の問いに答えられるようにしておくことが求められている。

（1）この探求になぜ取り組むのか。
（2）これらの概念はなぜ重要なのか。
（3）自分が理解することがなぜ重要なのか。
（4）人々がこの話題に注目するのはなぜか。

現在は、6つのグローバル・コンテクストとなっていて、PYPの6つの「教科横断的テーマ」に対応した数になっている。しかし対応と言っても、表5－2のようにIBの編成では順序が少し違っている。

表5－2　教科横断的テーマとグローバル・コンテクストとの対応（記号は筆者・福田が付けたもの）

PYPにおける教科横断的テーマ	MYPにおけるグローバル・コンテクスト
(a) 私たちは何者だろうか（自分自身について）	(a) アイデンティティと関係性
(b) 私たちはどのような場所と時代に生きているのだろうか（私たちが置かれている場所や時代について）	(b) 場所と時代の特定
(c) 私たちはどう自己を表現するのか（自己の表現方法について）	(c) 個人的表明と文化的表現
(d) 世界はどう動いているのか（すべてのことはどのように機能しているのか）	(d) 科学・技術のイノベーション
(e) 私たちはどう自己を組織するのか（社会を体系づける方法について）	(f) 公平さと発展
(f) 地球を共有すること（地球に共存する術について）	(e) グローバル化と持続可能性

International School of Paris. *IM Middle Years Programme: MYP Handbook 2014-2015*, 2014, 8.

●学習アプローチスキル

ＩＢの学習アプローチ（ＡＴＬ）スキルは、表5－3のように整理されている。ＭＹＰでは、ＩＢに特徴的な学習アプローチが、学習アプローチスキルとして拡大されている。このアプローチの焦点は、一生涯の学習を享受するに必要な個人的知識とスキルを発達させるように生徒を支援することに当てられている。学習アプローチスキルは、ＭＹＰ教科グループが課題とする対象に生徒がうまく対応できるように、さらにＩＢＤＰに進学した際にうまくいくように生徒を準備することになる。

●ＭＹＰの教科グループ

ＭＹＰには、以下の8教科グループが設定されている。生徒は、この8教科グループから少なくとも1教科ずつ選択する。

日本の学校教育制度に基づく正規の学校、いわゆる「1条校」では、国内教科との対応をつけて、授業が行われている。東京学芸大学附属国際中等学校では、２０１３年時点で、学習指導要領の教科とＩＢＭＹＰの教科グループとを対応させていた。

パリ国際学校における各教科の内容と評価は、表５－５のように定義され、フランス国内の教科と国際バカロレアＭＹＰとの対応は表５－６のようになっている。

●個人プロジェクト

ＭＹＰ最終学年には「個人プロジェクト（ＰＰ）」が課される。夏休みのうちにテーマを進める生徒もいる。たいてい、10月半ばから翌年の４月始めまでに「個人プロジェクト」は遂行される。テーマを持った個人学習で、創造スキル、探究スキルが試され、自己の個人的な関心が省察されることになる。

●地域とサービス

６学年から10学年は、地域の一員として活動し、サービス活動に参加するように促される。このサービス活動とは、職業的な専門性は求められず、したがって無償のものであることを意味する。９、10年生になると、この地域・サービス活動を通して、自己の積極性を発揮すべきだとされる。

●評価

５つの視点で評価される。①学習へのアプローチ。どのように学習し、また情報をコミュニケーションしたか。②地域とサービス。他者との関係と他者への責任。③人間的な率直さ。何をどのように作り出し、

表5－3　IBMYP学習アプローチスキル（パリ国際学校）

コミュニケーション	1. コミュニケーションスキル 思想、意思表明、情報を相互的に効果的に交換する。言語を読み、書き、情報を集めコミュニケーションする
社会的管理	2. 協働スキル 他人とともに効果的に活動する
自己管理	3. 組織スキル 時間や作業を効果的に管理する
	4. 情緒スキル 精神状態を管理する。 元気一杯、忍耐強さ、情動管理、やる気、回復力
	5. 省察スキル 学習の過程を何度も考えること。学習アプローチスキルを選び、使うこと
探究	6. 情報リテラシースキル 情報を探し、解釈し、判断し、創造すること
	7. メディアリテラシースキル 考えや情報を使い創造するためにメディアと相互交流すること
思考	8. 批判的思考スキル 問題や考えを分析し評価すること
	9. 創造的思考スキル 新しい考えを生み出し、新しい展望を考え出すこと
	10. 応用スキル スキルと知識を並列的なコンテクストで使うこと

International School of Paris. *IM Middle Years Programme: MYP Handbook 2014-2015*, 2014, 8.

表5－4　東京学芸大学附属国際中等学校の教科対応表（2013年）

IBMYP教科グループ名	学習指導要領の教科（中学）	学習指導要領の教科（高校）
言語A	国語	国語
言語B	外国語	外国語
人文学	社会	地理歴史、公民
数学	数学	数学
科学	理科	理科
芸術	音楽、美術	芸術
体育	保健体育	保健体育
テクノロジー	技術、家庭	情報

表5－5　教科の枠組み（パリ国際学校）

グループ1: 言語と文学（言語A）	科目: 英語、フランス語、スペイン語、韓国語、ヒンディー語、マレー語、その他母語 言語Aは、生徒の母語または母語近くまで熟達した言語。言語的、分析的、またコミュニケーションができるスキルを習得することを目的にした、言語と文学の両者に関するアカデミックで厳格な学修である。
	主要目標: MYPの言語Aは、(1) 思想、創造性、振り返り、学習、自己表現、社会関係の乗り物（vehicle）である。(2) 文学作品と非文学作品を学び分析する批判的、創造的、個性的なアプローチを発展させる。(3) 広範囲の読解に対し一生涯関心を持ち、多様な現実のコンテクストに言語スキルを応用する。
グループ2: 言語獲得（言語B）	科目: 英語、フランス語、スペイン語、中国語 近代語学修の目的は、何よりもまず、コミュニケーション手段の基礎、およびまた、その言語が話される地域の言語的、文化的、社会的な要素を獲得することである。
	参考: 学習段階は年齢とか学年で組織されない。言語Bから、DPの第2グループに、多数の生徒が第1グループにスムーズに移行することである。言語のMYP枠組みは、DPのコースに必要な概念とスキルを反映する。
グループ3: 個人と社会 （通称「人文学」）	科目: 人文総合、歴史、地理、環境システムと社会、フランスの文化と社会 MYPの個人および社会の目的は、生徒の全人的な発達に貢献するような、知識、理解に用いる概念、研究するスキル、分析し解釈する技能、コミュニケーションのスキルを生徒が獲得し、発展させるように促すことである。人文学は、生徒が身の回りの世界を尊敬し理解することを促し、さらなる学修を支援する基礎スキルを提供することを目的とする。この目的は、歴史、現代、地理、政治、社会、経済、宗教、テクノロジー、文化という幅広いコンテクストで、個人、社会、環境に関する学修を通して達成される。
グループ4: 実験科学	科目: 総合科学、生物学、化学、物理学、環境システム・社会 科学および科学的方法は、分析的で批判的に思考するスキルを発達させることに寄与する学習方法を提供する。MYPの科学は、自分自身や他人、その社会環境と自然環境に影響を与えるような問題を解決し決定を下すにあたり、批判的で創造的に考えることができる、科学的なリテラシーのある探究者に生徒を発達させることを目的とする。

グループ5: 数学	科目: 発展数学、標準数学 MYPの数学は、自己の活動の場面や一般に生活において数学を使えるように、同様に数学のより専門的なコースに進めるように生徒を準備する。知識と理解する知的な能力をすべての生徒に身につけさせることである。
グループ6: 芸術	科目: ビジュアル·アート、舞台、音楽 芸術は人間表現の普遍的な形態であり、感動的、想像的、生産的な活動に私たちが参加していることを知るユニークな方法である。芸術を通した学習は、自己信頼、回復力、適応力を発達させる機会を提供することで、自己意識を探し出し、形作り、コミュニケーションする助けとなる。
グループ7: デザイン (旧名「テクノロジー」)	科目: デジタル·デザイン、デザイン制作 MYPのデザインは、6－10年生の全生徒に必修である。デジタル·デザインとデザイン制作の2領域をカバーする。6－9年生の生徒は、短期の課題を含めて、通年の2つのプロジェクトを完了すること。10年生では、生徒がデジタル·デザインかデザイン制作のどちらかを選択し、専門化された分野で2つの長期プロジェクトを完了すること。デザイン制作には、新しくテキスタイルが含まれることになった。
グループ8: 体育	科目: 体育 パリ国際学校のIBMYPでは、世界で主要なスポーツを体験して、マルチ·スキルを獲得する機会として生徒にバランスのとれた体育と健康教育のカリキュラムを提供している。 集団スポーツ活動の社会的側面は、生徒に自律と責任を発達させる。個人スポーツは、生徒が細部にわたる自己の限界を理解し、ベストを尽くす機会を与える。集団スポーツは、環境やスポーツ器具に適応するような自己の身体的努力を尊重することで、生徒が自己のストレスや感情を管理することを学ぶ助けとなる。 体育のプログラムにおける生徒の学習体験は、環境や状況の限界内で知識や経験を獲得することを生徒に許容するので、多様で幅の広いものである。体育のカリキュラムは、カリキュラムを通してフィットネス管理と生涯学習を提供するような学習アプローチスキルとなる、感情的コンピテンシーや身体的コンピテンシーと同様に、生徒が自分に対する自信やグループに対する自信を発達させる道案内をする。

International School of Paris. *IB Middle Years Programme: MYP Handbook 2014-15*, 2014, 11-22.

表5－6　国内教科と国際バカロレア·カリキュラムとの教科対応表（パリ国際学校、2014年）

	MYP6-7年生	MYP8-9年生	MYP10年生	DP11-12年生
グループ1 第一言語	英語、言語Aまたは言語B	英語、言語Aまたは言語B	言語A	言語A
グループ2 第二言語	フランス語、言語Aまたは言語B	フランス語、言語Aまたは言語B	言語Aまたは言語B	言語Aまたは言語B
グループ3 人文学	人文学総合（Integrated Humanities）	人文学総合	歴史、地理、人文学総合、フランスの文化と社会（Fr.）から1科目	歴史、地理、経済、環境システムと社会（標準）から1科目
グループ4 科学	科学総合（Integrated Sciences）	科学総合	生物、化学、物理、科学総合から1教科	生物、化学、物理、デザイン、テクノロジー、環境システムと社会（標準）から1教科
グループ5 数学	数学	発展数学（Extended Mathematics）または標準数学（Standard Mathematics）	発展数学または標準数学	数学または数学研究（標準）
グループ6 芸術	ビジュアル·アート、音楽、演劇	ビジュアル·アート、音楽、演劇		ビジュアル·アート、音楽、演劇、グループ1～4のうちの1教科から1教科
グループ7 デザイン	デザイン総合（Integrated Design）	デザイン総合		
グループ8 体育	体育	体育	体育	
MYPオプションA	母語、スペイン語A、日本語A、韓国語A、ヒンディー語A、スペイン語B、中国語B、フランス語基礎、フランスの文化と社会から1教科	母語、スペイン語A、日本語A、韓国語A、ヒンディー語A、スペイン語B、中国語B、フランス語基礎、フランスの文化と社会から1教科		

	MYP6-7年生	MYP8-9年生	MYP10年生	DP11-12年生
MYPオプションB			ビジュアル·アート、音楽、デザイン（テキスタイル）、化学、歴史、フランス語B、スペイン語Bから1教科	
MYPオプションC			ビジュアル·アート、劇場アート、メディアとフィルム、デザイン総合、統計学、環境システムと社会（標準）から1教科	
学校追加	個人と社会の教育、地域とサービス	個人と社会の教育、地域とサービス	個人と社会の教育、地域とサービス、個人プロジェクト	個人と社会の教育、地域活動とサービス、課題論文、知の理論（TOK）

International School of Paris. *IM Middle Years Programme: MYP Handbook 2014-2015*, 2014, 10.

その効果はどうか。④環境。身の回りの世界との関係とそれへの責任。健康教育と社会教育。身体的、社会的、情緒的な健康（well-being）。

評価は、一般に定められているようにパリ国際学校でも、60％が提出物、40％が試験である。

各教科グループには異なる評価尺度がある。教科の担当教員は、年間の総合評価を7点満点で付ける。MYP5年生は、各教科それぞれで2以上の成績、個人プロジェクトで3以上の成績、平均4、合計63満点中36点以上でMYP資格証明書（MYP Certificate）を受け取る。

MYP修了資格は、8教科と個人プロジェクトの成績が、63点満点中36点以上で、全教科が7点満点中2点以上で、個人プロジェクトが7点満点中3点以上、地域とサービスに基準以上の活動をして、各授業に90％以上の出席をしている場合に受け取ることができる。

在学年数に応じた資格と、学習活動とその成

6年生
外国人の子どもたちが日本語を学んだ成果

2014年6月　体育館はグループ発表会

▼

坪谷理事から説明を受ける筆者

7年生
人間とは何か

▼

ソーラーカーを作ったグループもあった

7年生
デザインとテクノロジー

果で決まる資格とが分けてあるようだ。

●東京インターナショナルスクールの発表会

２０１４年６月16日に東京インターナショナルスクールを訪れた。ちょうど、ＭＹＰ生徒の発表会直前の展示作業が行われているところだった。写真を見ると、具体的にその様子が分かる。

第6章　ＩＢＤＰ（大学接続カリキュラム）

「グローバルな市民、コミュニティへの参加、グローバルな理解を育てる必要性が大きくなっているにも関わらず、米国や英国のような国々は今や『後れをとった』、少なくとも中国やインドに『追いつかれた』と感じている。これが、今まで以上の競争かつ協同の必要性を作り出している。『描かれ始めているのは、グローバルな舞台に新しく登場するたくさんの世界のプレイヤーたちと、競争ではなくグローバルに協同するイメージなのである。[1]』このような発展は、異文化コンピテンシー、グローバル労働の養成という必要性を強調してきた。それと共に、労働の柔軟性（ネオ・フォーディズム）を目指す政策と、国家競争力の促進を目指す政策とが合流してきた。学校、政策作成者、カリキュラム企画者は、子どもたちが単なる『国民』を超えて、文化理解（かつリテラシー）があり、他文化と競争かつ協同するコンピテンシーを持った『グローバルな市民』に（短期間で）育成するという圧力をかけられてきている。言い換えれば、教育は知識を移転するだけでなく子どもたちを変革するように圧力をかけられる領域と見なされ、今では、学校は、国民への教化を超えて、グローバル労働者の育成により密接に携わるようになっている。[2]」（トリスタン・バンネル、２０１２年）

国際学校の教育を研究しているデンマーク人のトリスタン・バンネルは、オーストラリアの教育改革を研究したスナイダーたちのことばを引用しながら、現在の先進諸国の教育はグローバルに対応できる労働者育成へと変化してきていると指摘する。なぜ今、国際バカロレアなのか。それはここ20年間に先進諸国で大きく教育の世界が変わったからである。

ＩＢの歴史で言えば、ＤＰと呼ばれるこの段階が真っ先に国際標準化された。「学外評価（国際バカロレア試験の受験)」は北半球は5月、南半球は11月に実施される。6教科グループから6科目を2年間で履修し、個々の科目が内部得点でも評価される。学内評価を加えて、国際バカロレア機構が成績を再点検するという仕組みである。また、ディプロマ課程の修了、いわゆるフル・ディプロマには、教科に関する日常の評価を始め、「知の理論(Theory of Knowledge)」「課題論文(Extended Essay)」「創造性・活動・奉仕(Creativity, Action, Service: CAS)」という3コースの活動が必修である。

国際バカロレア・カリキュラムの魅力は、大学入試に相当する国際バカロレア試験に応じた科目設定がなされているが、その学びの目的は入学試験合格ではなく、大学入学後に専門性を探究し、将来の職業や社会生活でその能力を発揮していくという展望をしっかり持てるようになることである。また、学習過程では、個人の自立を念頭に置いて、探究的学びが追求されていること、さらにその探究的学びがいくつかの教科外活動で保証される。このような教育がきちんと個々の教員から保証されるように、担当教員はすべて国際機関によって研修を受けることが義務づけられている。つまり、受験勉強だけに逸脱しないように世界的な仕掛けが作られている。

日本政府は、1979年にスイスのジュネーブにある「国際バカロレア機構(IBO)」を認証し、IBを大学入学資格として認定している。しかし、ここ40年近くも有名無実の実態に変わりはなかった。文科省は、2013年3月に「国際バカロレア機構」との間で、16~19歳向けの「日本語ディプロマ・プログラム」の実施について合意し、9科目群中6科目群を日本語で受験できるようにした。これによって日本語は、国際バカロレア公用語と言われる英語、フランス語、スペイン語以外では、ドイツ語、中国語と同じ特例扱いになった。

つまり、日本DPができると、次のようなことが可能になる。[3]
（1）授業言語は、基本的に英語であったものが日本語になる科目も設定できる。
（2）実施校は、国内のインターナショナルスクールから国内の一条校に拡大される。
（3）取得後の進路は、海外の大学への進学から、国内の大学への進学も可能になる。
安倍政権は、民主党政権時代に進められてきた教育政策を引き継いで、「国際バカロレアの認定校を2018年までに200校に」する計画を了承した。文科省も、「国際バカロレアの趣旨を踏まえた教育の推進」を打ち出し、

『国際バカロレアのカリキュラムは、学習指導要領が目指す『生きる力』の育成や新成長戦略が掲げる課題発見・解決能力や論理的思考力、コミュニケーション能力等重要能力・スキルの確実な習得に資するものである」

「国際バカロレアの趣旨のカリキュラムは、思考力・判断力・表現力等の育成をはじめ学習指導要領が目指す『生きる力』の育成や、日本再生戦略（平成24年7月31日閣議決定）が掲げる課題発見・解決能力や論理的思考力、コミュニケーション能力等重要能力・スキルの確実な修得に資するものです[4]」

といった説明を行っている。

また、文科省に提出された専門家の資料によると、次のように評価されている。

「子どもたちには、自ら課題を発見し解決する力、コミュニケーション能力、物事を多様な観点から考察する力（クリティカル・シンキング）、様々な情報を取捨選択する力などが求められます。

国際的な学力調査においては改善傾向にありますが、特に読解力について、必要な情報を見つけ出し取

り出すことは得意であるものの、それらの関係性を理解して解釈したり、自らの知識や経験と結び付けたりすることがやや苦手であるという結果が出ています。また、学習意欲、学ぶ意欲等についても、国際的に見て低い状況となっています。

これからの社会の中核を支える人材に共通して求められる資質として、幅広い教養と深い専門性、課題発見・解決能力、チームワークと（異質な者の集団をまとめる）リーダーシップ、公共性・倫理観、メディア・リテラシー等が挙げられています[5]」

●国際バカロレア・ディプロマコースのカリキュラム

現行のカリキュラムは、表6－1のようになっている。第一言語と言われる、それぞれの母語で学ばれる教科は、1990年あたりに約40言語あったと言われている[6]。

国際標準カリキュラムは、日本語の導入によって表6－2のように変化する。

グループ1からグループ5まで各1教科ずつ、およびそれ以外の1科目またはグループ6の芸術科目を選択し、合計6科目を2年間で履修する。うち、3～4科目は高度レベルで、2～3科目は標準レベルの履修。高度レベル（HL）は240時間、標準レベル（SL）は150時間が履修時間。

得点は、各科目7点満点で6教科、「知の理論（TOK）」、課題論文、「創造性・活動・奉仕」の3点が加算されて45点が満点となる。国際バカロレア資格（IBDP、国際バカロレア・ディプロマ）には、6コース全課程をすべて修了し、最終試験で45点満点中24点以上を取得することが必要である。英国や米国では、国内統一テストの得点とIBDPの得点が換算されて代用できるようになっている。

表6―1　現在のカリキュラムと試験

		科　目
グループ1	第一言語	母語またはそれに準じる言語による世界の文学学習（World Literature in Language A）
グループ2	第二言語	第一言語に準じる高度なバイリンガル言語能力、既習外国語（中～上級）、未習外国語（初級）の3レベルのほか、ラテン語、古典ギリシャ語の選択も可
グループ3	個人と社会	歴史、地理、経済学、哲学、心理学、文化および社会人類学、ビジネスと経営学、イスラム世界の歴史、グローバル社会における情報技術
グループ4	実験科学	生物、化学、物理、環境システム、デザイン技術
グループ5	数学とコンピュータ科学	数学、高等数学、数学的方法、数学的研究、コンピュータ科学（数学を履修した上、グループ6として選択可能）
グループ6	芸術または選択科目	美術･デザイン、音楽、演劇、または上記の科目からもう1科目を選択

国際バカロレア･ディプロマプログラムにおける『TOK』に関する調査研究協力者会議「国際バカロレア･ディプロマプログラムTheory of Knowledge（TOK）にいついて」（2012年8月）、他

表6－2　授業･試験言語別国際バカロレア･ディプロマ課程の科目例

グループ	IB公用語で教授される科目	日本語でも教授可能な科目
1 母語: 言語と文学		文学、言語と文学、文学と演劇
2 外国語: 言語習得	英語、フランス語、スペイン語	
3 個人と社会	ビジネス、地理、情報技術、哲学、心理学	経済、歴史
4 実験科学	デザインテクノロジー、環境システム	生物、化学、物理
5 数学とコンピュータ科学	数学スタディーズ、コンピューター科学	数学SL（標準）、数学HL（高度）
6 芸術	音楽、美術、ダンス、フィルム、演劇	
その他		知の理論、課題論文、創造性･活動･奉仕

文部科学省「授業･試験言語別国際バカロレア･ディプロマ課程の科目例」を改編

各教科の評価は、7（きわめて優れている）、6（とてもよい）、5（よい）、4（十分）、3（もう少し）、2（悪い）、1（とても悪い）、N（評価不能）となっている。

もうひとつの特徴は、IBDPは日本の高校の科目よりも内容が高度になっていて、大学における一般科目に匹敵するものとなっていることである。そのため、米国では、IBDPの科目が、大学の科目との二重単位となっている。たとえば、カリフォルニア大学ロサンゼルス校は、DPのスコアが高い学生には入学時点で大学取得必要単位の30単位を免除している。ブリティッシュコロンビア大学も、1年目の飛び級を認めているという(7)。

このように米国では現実的な高大接続が作り出されており、受験勉強の無駄を省いて、意欲的な学びに誘導しているとも言える。今後、日本においても広がっていくことであろう。

●教科カリキュラムだけでは足りない

さらに、IBディプロマには、知の理論、課題論文、創造性・活動・奉仕という、科目横断的な3つのコースが設定されている。

米国の国際学校研究者のエリザベス・フォックス（Elisabeth Fox）は、このことの意味を次のように説明している。

「第6グループは、たとえば、科学に高い動機のある生徒は追加の科学教科を高度レベルで学ぶとか、社会科学に関心ある者は歴史と経済の2コースをとるとか、言語学なら第三言語を選択するとか、美術を選択するとかできる。学校別に、コンピュータ研究、環境教育、平和研究、地方の要請を取り入れた地域研究、造形芸術に踏み込んだプログラムなどの特別シラバスを企画することが許されている。これらの多くの特別シラバスは、『正規の』試験科目となっている。たとえば、社会人類学は、国連国際学校が第6群の中に最初に作ったものであるが、現在では第3群の『人間研究』という選択科目になっている。最近では、IBのカリキュラム開発は、学際的研究に向かっており、科学には、テクノロジーと社会変化、社会における芸術という2つの新しいシラバスが加わった。これらは、第3群か第4群の先導的なコースとなる」

「6グループのそれぞれに試験を受けるほかに、IBディプロマの生徒は、さらに3つの必要条件がある。知の理論という共通コースと、創造活動、美的活動あるいは社会奉仕活動（CASS）と、課題論文という形の独自活動である。生徒が、創造活動、美的活動あるいは社会奉仕活動という活動に参加するということは、研究的（アカデミック）教育だけでは不十分だということを意味する。これらのプログラムを計画し実行することは学校の責任である。このような活動の影響を測定することは困難だけれども、……[8]」すなわち、研究的教科だけでは人間形成には不十分で、何らかの心の教育をすべきだというわけである。それをどんな活動によって、どのような時間配分で行うかは規定しないということになっていた。

1990年時点における国際バカロレアに関する説明は、以下のようになっている。

カリキュラムは6教科グループで構成され、国際バカロレア・ディプロマを取得するには6教科群すべてにわたりどれかの科目に合格しなければならない。しかし、国際バカロレア試験では、1科目だけの受験も可能である。国際バカロレア機構（IBO）の公用語は、英語、フランス語、スペイン語の3言語である。すべての教科は、この3言語で試験される。国際バカロレア・ディプロマには、3教科は高度レベル、3教科は標準レベルであること。さらに、4000語の個人課題、知の理論というコースの履修、週半日の何らかの形の創造活動か社会奉仕もしくは地域奉仕活動がある。

まさに、6グループという研究的（アカデミック）教科の深みある内容とその絶妙な構成、さらにそれをつなぐ教科横断的な能力形成のコース、これこそが国際バカロレア・カリキュラムの神髄なのである。だがそれは、教師たちの教養の高さ、実現の手法（ペダゴジーと呼ばれる教育学）の飽くなき開発、実践力があってこそ保証される教育の質なのである。

教師にもしその教育力がなければ、教科は孤立して教えられ、教科横断的なコースも形骸化することになる。そのことは、カリキュラム考案当初から懸念されていた。

CASが研究的（アカデミック）科目をつなぐ役割を果たしておらず、「研究的（アカデミック）科目からの逃避するチャンス」(9)になっているという懸念も提起されるようになってきた。

国際バカロレア・カリキュラムの変質は、教師だけの問題にはとどまらない。学校の方針が、単なる大学入試対策として国際バカロレア・カリキュラムを扱えば、必然的にそうならざるをえない。

●知の理論(theory of knowledge)とは

知の理論は、発足当時のカリキュラム開発の中心人物であるジェラード・ルノーによると、以下のように説明されている。

「教育課程全体を哲学的に省察する時間をとるためにきわめて重要」

「このコースの目的は、知識を多く獲得することではなく、あるいはまた、他の諸教科ですでに獲得したものを総合することでもなく、むしろ、自分がずっと学んできたこと、もっと一般的に言えば自分の経験してきたことに疑問を持ったり、省察したりすることができるようにすることである」

「知の理論は、生徒と教師を、様々なタイプの知識の基本的な性質について疑問を持つように招き入れる。数学的な真理の基盤は何か。科学的本性の真理や歴史的本性の真理、道徳的判断や政治的判断にしっかりと向き合っている生徒にとって、それぞれの主張がどのような基盤に依拠しているのか[10]」

「このような省察は、すべての知識には関連があり、制限があることを知らせていくと、第一級の生徒には、知的な謙虚さを発達させる」

「知の理論は、国際バカロレア教育の中では試金石とも呼べるものだ[11]」

すなわち、コースの目的とは、生徒たちが、授業で学ぶ知識を同一の質と捉えず、教科あるいは学問にはそれぞれ性格があり、知識の組み立て方が異なり、それぞれに限界があるということを学ぶことである。この考え方は、構成主義を前提とした論理になっている。授業とは、「正しい」知識や解答を伝達するものでないということを意味する。

現在のような形態になった、『科目用指導書』（1985年版）では、「知の理論（TOK）」は表6－3のように記載されている。このコースは、古くから設定されたものであるが、1985年になって、「哲学」と区別してきわめて明確に定義し直されることになった。このコースの目的は、知識そのものを根源的に問い直すことで、個々の学問分野の知識体系を問い直し、理性的な考え方と客観的な批判的精神を養っていくことにつながる。

日本語で思想というと、このような「知の理論」とか「哲学」は一般の人間には縁のないようなものと誤解されがちである。ところが「知の理論」でいう「思想」とは、「思考」が体系立ったもの、思考の一貫性（つじつま）が付けられていることという程度の意味で誰にも必要なものである。

また、目的の項で説明されているように、「個人の（パーソナル）」とは、その本人が持っているものという意味で、「属人的」ということ。他人と異なって独自に持っているものとか、個人が孤立した状態で持っているものという意味で使われる「個人的」と本書では訳し分けている。

成績基準に「言語を明瞭に」と書かれているように、「言語の明晰性」は独仏の文化の特徴である。曖昧な言語、暗示的な言語を多用する日本の文化とは大きく異なる文化だと考えるべきだろう。そうなると、「知の理論」そのものも日本文化を基盤にして解釈し直す必要が出てくるであろう。

本来の「知の理論」の目的は、知識の構成主義の立場に立ち、それぞれが知識を組み立てていくこと、その場合に組み立て方にルールがあることを知ることにある。すなわち、自然科学の知識は事実で検証され真偽で判定されること。そのため、検証する技術の進展によっては、真偽の判定が覆ることも起きてくる。

したがって自然科学の知識も、一定の条件付きで真理と認めるほかない知識であること。次に、社会科学の知識は、約束事であり、この知識は社会的妥当性によって善悪として判定されるものである。社会のどのような集団の意識に基づくかによって社会科学の知識は異なって構成される。人文学の知識は、価値の体系であり、個々人によって評価が異なる。この種の知識は人々の生き方、その人の教養を決めていくが、その人にとって固有の意味があるわけで、どちらが優れた価値かは決めがたい。人文学の知識の評価は、優れた価値を認め合うという活動に委ねるほかはない。

表6－3 「知の理論」の定義（1985年）

科目の性格

本コースは、IBの教育哲学で鍵となる要素なので、ディプロマの全志願者に必須である。その目的は、教室内外における生徒の知識と経験に批判的省察をさせることである。本コースは、概念を分析したり、討論することで、また全人類が作り出した価値判断を基盤にして、自分たちおよび他人が知ったことについて、生徒が批判的認識を獲得するように促すことを意図しているという点では、ある意味で「哲学的」である。本コースの諸目的（および成績基準のひとつ）は、IB教科の第3群にある選択教科の「哲学」の諸目的と同じである。「知の理論」と「哲学」との主要な差異は、「知の理論」が「すべての者の哲学」であるのに対し、「哲学」はこの教科に特に興味を持つ者に応じるものである。

にもかかわらず、本コースの名称と、IBで言う「知の理論」という哲学の支流との間のことばの類似性は、厳密な認識論のひとつのコースを意味するのではなく、特定の認識論的諸問題は自己の知識と経験に対して省察する者すべてが対面しなければならないことなのである。それはまた、（経験主義、合理主義といった）様々な「主義」や偉大な思想家たちを概観することではなく、むしろ、そこから思慮深く選んだ文献が自分の学修した諸テーマに光を当てる助けとなるだろう。本コースは、様々な科目に適した思考様式なのかという検討が求められるが、前述したような認識論の学修を意図しているのではない。適宜、時事問題が議論されることは望ましいが、種々雑多なトピックを話題にして準備もなく議論するシリーズに本コースを変質させることは間違いである。

生徒は、知識に関し自分自身の質問を立てるように促されるべきであるが、探究と省察のプロセスを構築し導くために主要な責任は教師にかかっていることは間違いない。教師のもうひとつの主要な機能は、批判的に省察するある種の思考が生徒の中に導入されるような、ほどよく広い読解に基づいた具体例を提供することである。それゆえ本コースを担当する教師は、哲学部を卒業する必要はないが、「哲学的な」入門講座を受けていること（卒業後に哲学を学ぶことが推薦される）。

本コースは、一人の教師で教えられなくてもよい。もし、何人かの教師が協同する場合には、個人的な貢献は適切に統合されるべきだ。すなわち、コースの形態と協同活動全体の最終責任を一人の人物がとるべきである。『教師用指導書』は、「知の理論」というコースを企画するための示唆を提供している。

本コースは、最低100時間（1時間＝60分の授業時間）をあてること。また、ディプロマの準備には通常、丸2年間をかけること。

目的

「知の理論」教科課程の目的は、生徒を次のように導くことである。

1．知識と経験という基盤を省察し、それらを問い直すこと
2．主観的偏見、イデオロギー的偏見に気づくこと
3．根拠と討論という批判的検証に基づいた、個人の思想様式を発達させること
4．合理的な討論を組織すること

成績基準

生徒が次のことをできるようになること。

1．言語を明瞭に、一貫して、かつ適切に使用すること。

2．様々な種類の知識が持つ力と限界について、またそれら知識の類似や相違について的確に理解する根拠を与えること。
3．学修した教科を相互に、また一般的な知識や生活体験と関連づける。
4．生徒個人の見方や、自らが所属する地域社会や文化に共通する見解について、その価値と限界を知るように実地指導する。
5．理性が持つ可能性と限界を認識し、無知と偏見を克服し、学術的な知識も、かつまた個人、地域社会、国家、文化の間の実際的な理解も前進させるという、理性の力に関する正しい理解を示すこと。

教育課程骨子
1．知識における言語と思想の役割
2．知識にとっての論理的厳密さの必要性
3．知識の体系
(a) 数学
(b) 自然科学
(c) 人文科学
(d) 歴史学
4．価値判断と知識
(a) 道徳的判断
(b) 政治的判断
(c) 美的判断
5．知識と真理
これらの一般的テーマの精選は、『科目用指導書』から入手できる。

評価
本コースは、知る者としての個人の経験を省察することと根本的に関連するので、他の教科のように外部試験によって評価される教科とは考えられてこなかった。生徒の知的な到達度と不断の努力の両者を評価することは、教師の仕事である。しかし、教師の評価はディプロマの判定に影響を及ぼすものなので、外部の適切性、『科目用指導書』に特定されている明確な性質を条件とする。
志願者の成績は、以下のようにディプロマの判定に影響する。
(a) よくできる、きわめてよくできるは、ディプロマの得点にボーナス点がつく。
(b) できるは、ディプロマの判定に充分である。
(c) 不足するは、ディプロマ総得点から1点を減点するが、ディプロマの判定を妨げない。
(d)「とりかかれなかった」あるいは「完成できなかった」は、ディプロマの判定を取りやめる。

A.D.C. Peterson. *Schools Across Frontiers: The Story of the International Baccalaureate and the United World Colleges.* La Salle, Illinois: Open Court, 1987, 221-224.

２０１２年のこと、デンマークのＩＢディプロマコースに進学したある日本人留学生が「一番難しかった科目はこれ。何を言っているのか全然分からなかった」と言っていた。この高校で使用していた教科書の内容は、表６－４のような内容になっている。

●課題論文とは

セーブル会議では、まだはっきりしたコースという姿ではないが、課題論文の教育的価値について議論されたという。次のようなルノーの指摘によると、この当時すでに、教育課題ははっきりしていたように思われる。

「高度なプログラムで、いくつかの教科の中で志願者が自由に選択したある教科について、担当教員との相談を経た個人的な研究を含むものである」

「この目的は、明らかに、資料を比較して利用したり、一貫した議論を組み立てたり、活動の最終的で洗練された作品を提示することで、高等教育への準備として独立活動を奨励することである」

「自分の能力と教員のアドバイスに基づいてひとつ以上の論文を提示することは、生徒が自由に選べる[12]」

課題論文は、各自の将来を見据えて、自己の専門とする分野を深めるという意味がある。その際、自由作文ではなく、教師の指導によって、自己の学ぼうとしている領域の専門化を図ることであり、今日ではこれが大学進学後の研究活動を支えることになると評価されている。

「国際バカロレアの卒業生は、課題論文が大学への厳格で刺激的な準備（rigorous and stimulating preparation for college）となっていると、特別な賛辞を送ってきている[13]」

表6－4　TOKの教科書のもくじ（一例）

第1部　知る人と知ること 　第1章　知識の問題 　第2章　知識の本質 第2部　知る方法 　第3章　言語 　第4章　知覚 　第5章　合理性 　第6章　情動 　第2部の付録 　　A　提案　提案の4種類、紛糾、事実と価値、実験的提案と空論、結論 　　B　パラダイム　パラダイムとは何か、知識のフィルターとしてのパラダイム、パラダイム転換、結論 第3部　知識の領域 　第7章　数学 　第8章　自然科学 　第9章　人文科学 　第9章付録 　　自由意思という問題　決定、決定は自由意思をどう脅かすか、どの出来事にも原因があるか、自由意思は決定論と互換性があるか、自由意思は幻想か 　第10章　歴史 　第11章　芸術 　第12章　倫理 　第13章　宗教（選択） 第4部　結論 　第14章　真理と智恵

Richard van de Lagemaat. *Theory of Knowledge for the IB Diploma*. Cambridge University Press, 2005.

このようにして、現在教育界で論議されている「総合学習」や「テーマ学習」とも異なり、国際バカロレア・カリキュラムが求める「課題論文」とは、きわめて個人のテーマや関心に基づく探究活動なのである。

●CAS（社会奉仕活動）とは

知の理論と共に、ディプロマに重要と判断されたものは「身体活動と社会活動（physical and social activities）」であるとなっている。明記された割には、教育課題ははっきりしていなかった。古い呼び名はCASSである。

現在の「国際バカロレア」の公式ホームページによると、その歴史が述べられている。

「CASSの形態は、ずっとIBディプロマの一部になってきました。1968年に『美術への理論的・実践的な入門』という義務的コースとして始まります」

「1970年に、『身体活動と社会奉仕活動の分野が付け加えられる』わけです」

「1970年代には、このコースは、クルト・ハーン（Kurt Hahn）の考えを受けて発展しました。彼の哲学の中心には、生徒は直接経験からもっとも利益を得、学ぶものだという理念がありました。認知発達に次いで、身体時活動と社会的活動が人格を形成する上で必要であると彼は信じていました。ディプロマ・プログラムのカリキュラムで、すべてのIB生徒が、人格全体を発達させるために、何らかの創造活動、美的活動あるいは社会奉仕活動（creative, aesthetic or social service activity: CASS）を実行するように、IBは決めたのです」

となっている。

1989年になると、CASSは、3領域が同等に評価される「創造性・活動・奉仕（Creativity, Action, Service: CAS）」となったと説明されている。名称から「社会的」という用語が削除され、新しい略語ではSがひとつ少なく表記されることになった。この変更について、国際バカロレア機構は、「それは、学校によっては、様々な理由で地域社会と交流できないからです」と説明している。また、その扱いについて「1990年代初頭には、CASの十分な実現がディプロマ取得の条件になりました」と述べている。経験を重視し社会的存在を自覚するためのコースである。

●日本の現状

国際バカロレア・カリキュラムを採用している日本の国際学校は、表6－5のようである。表中の「一条校」とは、『学校教育法』第1条に規定されている学校のことで、日本国内で通用する法的な卒業資格を得ることができる学校のことである。そうでないと、日本の学校に進学する場合には、場合によっては検定試験を受ける必要も出てくる。また、日本の法律で規定する基礎資格、いわゆる学歴として認められない場合もある。

●ぐんま国際アカデミー

ぐんま国際アカデミーは２０１１年10月20日にＩＢ校の認定を受けた、日本で5校目のＩＢディプロマ実施校である。２０１２年4月よりＩＢディプロマプログラムが実施され、生徒は日本の高校卒業資格とＩＢディプロマの両方を同時に取得することができるようになった。

異文化理解とクリティカルシンキングの能力の育成を重視しており、10年生までのプレＩＢの授業と共に、ＩＢコースでは2年間にわたってディプロマ段階の学習をしている。

ＩＢ教科グループは、日本語高度、英語Ｂ高度、世界史高度および標準、数学高度および標準、生物標準、物理標準、化学標準、音楽標準、美術標準となっている。

ＩＢカリキュラムに基づく授業は2年間だけであるが、英語イマージョン授業を小学校から受けており、11、12年生では英語で理科系の授業を受けられるまでになっている。また、大学入試も、英語の試験については取り立てて準備しなくても受験できるほどになっているそうだ。

表6－5　日本における国際バカロレア認定校（認定日順）

学校名称	都道府県	IB認定年月	PYP	MYP	DP	一条校
セント・メリーズ・インターナショナルスクール	東京	1979年9月	－	－	○	
カナディアン・アカデミー	兵庫	1980年9月	○	○	○	
サンモール・インターナショナルスクール	神奈川	1984年7月	－	－	○	
横浜インターナショナルスクール	神奈川	1984年10月	○	○	○	
清泉インターナショナル学園	東京	1986年1月	○	－	○	
関西学院大阪インターナショナルスクール	大阪	1990年10月	○	○	○	
加藤学園暁秀高等学校・中学校	静岡	2000年1月	－	○	○	○
ケイ・インターナショナルスクール東京	東京	2002年1月	○	○	○	
広島インターナショナルスクール	広島	2005年4月	○	－	○	
東京インターナショナルスクール	東京	2005年12月	○	○	－	
神戸ドイツ学院	兵庫	2006年6月	○	－	－	
京都インターナショナルスクール	京都	2006年12月	○	－	－	
福岡インターナショナルスクール	福岡	2007年4月	○	－	○	
名古屋国際学園	愛知	2008年5月	○	－	○	
玉川学園中学部・高等部	東京	2009年3月	－	○	○	○
AICJ中学・高等学校	広島	2009年6月	－	－	○	○
立命館宇治中学校・高等学校	京都	2009年9月	－	－	○	○
カナディアン・インターナショナルスクール	東京	2009年12月	○	－	－	
東京学芸大学附属国際中等教育学校	東京	2010年2月	－	○	○	○
沖縄インターナショナルスクール	沖縄	2011年7月	○	－	－	
ぐんま国際アカデミー	群馬	2011年10月	－	－	○	○
つくばインターナショナルスクール	茨城	2011年11月	○	○	－	

学校名称	都道府県	IB認定年月	PYP	MYP	DP	一条校
同志社国際学院	京都	2012年3月	○	－	○	
ホライゾン・ジャパン・インターナショナルスクール	神奈川	2013年6月	－	－	○	
大阪YMCAインターナショナルスクール	大阪	2012年6月	○	－	－	
インディア・インターナショナルスクール・イン・ジャパン	東京	2013年6月	－	－	○	
リンデンホールスクール中高学部	福岡	2013年10月	－	－	○	○
名古屋国際中学校・国際高等学校	愛知	2014年12月	－	－	○	○
仙台育英学園高等学校	宮城	2015年2月	－	－	○	○
沖縄尚学高等学校	沖縄	2015年2月	－	－	○	○
インターナショナルスクール・オブ・アジア軽井沢	長野	2015年3月	－	－	○	○
関西インターナショナルスクール	大阪 兵庫	2015年4月	○	－	－	
ジングウマエ・インターナショナル・エクスチェンジスクール	東京	2015年4月	○	－	－	
東京都立国際高等学校	東京	2015年5月	－	－	○	○
アオバジャパン・インターナショナルスクール	東京	2015年6月	○	－	○	
合　計　35校			19	9	26	12

2015年10月20日現在　http://www.ibo.org/programmes/find-an-ib-school/

●フィンランドのIBDP校

フィンランドは、IBPYP認定校が3校、IBMYP認定校が4校、IBDP認定校が16校、都合IB認定校が19校ある。ちなみに、日本は、その数が19、9、26となっていて（表6－5）、都合IB認定校が35校である。人口が日本の約22分の1であることを考えると、フィンランドのIB認定校は多いだろう。しかも、私立学校でも授業料は徴収せず公立学校と同じ予算運営となっているので、家庭の特別な負担はまったくない。

表6－6　ぐんま国際アカデミーIBコースの教育課程（2014年度）

教科	科目	標準単位	単位数			備考
			10年生	11年生	12年生	
国語	国語総合	4	4			
	現代文B（IB高度）	4				
	古典B（IB高度）	4				
地理歴史	日本史A	2	2			
	世界史B（IB高度）	4		5（e）	6（e）	または数学研究
	世界史B（IB標準）	4		3（e）	4（e）	〃
公民	現代社会	2	4（j&e）			
数学	数学Ⅰ	3	3（j&e）			
	数学A	2	2（j&e）			
	数学研究（IB高度）			5（e）	6（e）	または世界史B
	数学研究（IB標準）			3（e）	4（e）	〃
理科	物理基礎	2	2（j&e）			
	化学基礎	2	2（j&e）			
	生物基礎	2	2（j&e）			
	物理研究（IB標準）			4（e）	3（e）	または生物研究
	化学研究（IB標準）			4（e）	3（e）	または音楽研究
	生物研究（IB標準）			3（e）	4（e）	または物理研究
保健体育	体育	7～8	2（e）	2（e）	3（e）	
	保険	2	1（e）	1（e）		
芸術	音楽Ⅰ		2（e）			
	美術Ⅰ		2（e）			
	音楽研究（IB標準）			3（e）	4（e）	または化学研究
	美術研究（IB標準）			3（e）	4（e）	

教科	科目	標準単位	単位数			備考
			10年生	11年生	12年生	
外国語	コミュニケーション英語Ⅰ	3	4（e）			
	英文法		1（j&e）			
	英語研究（IB高度）			5（e）	6（e）	
家庭	家庭基礎	2	1（e）	1（e）		
情報	情報の科学	2		2（e）	2（e）	
知の理論	知識の理論		1（j&e）			
グローブ	学校設定科目		1（e）	1（e）	1（e）	
特別活動	ホームルーム活動		1（e）	1（e）	1（e）	
総合的な学習の時間	創造性・活動・奉仕			75時間	75時間	バイリンガル
	課題論文			Extended Essay	Extended Essay	バイリンガル

単位数表記が無印のものは日本語で、j&eは日本語と英語で、eは英語で授業が行われる。

表6－7　ぐんま国際アカデミーの教授言語フローチャート

初等部 G1-G6	日本語で学ぶ授業 （国語と社会科）	英語で学ぶ授業 （全教科の70％を英語イマージョン授業）
中等部 G7-G9	日本語で学ぶ授業 （国語100％、社会科75％、数学・理科25％）	英語で学ぶ授業 （全教科の70％を英語イマージョン授業）
高等部 G10	日本語で学ぶ授業 （国語50％、数学・理科50％、社会科25％）	英語で学ぶ授業
高等部（国内進学コース） G11-G12	日本語で学ぶ授業（国語・数学・理科・地歴の100％、英文法はバイリンガル）	英語で学ぶ授業
高等部（IBコース） G11-G12	↑ 日本語で学ぶ授業 （国語のみ）	英語で学ぶ授業 （IBディプロマプログラム、国語以外すべて）

表6－8　ぐんま国際アカデミーの高等部10年生の時間割（2014年）

時刻	Monday	Tuesday	Wednesday	Thursday	Friday
8:40- 9:30	数学	数学	国語	数学	英語
9:35-10:25	日本史	数学	英語	英語	英語
10:35-11:25	理科/IB	体育	数学	体育	数学
11:30-12:20	国語	国語	体育	日本史	理科/IB
12:20-12:45	給食				
12:45-13:00	清掃				
13:20-14:10	社会	化学	化学	化学	社会
14:15-15:05	音楽/美術	社会	化学	音楽/美術	体育
15:10-16:00	情報	HR	英文法	国語	総合学習
16:00-16:10	HR	HR	HR	HR	HR

表6－9　ぐんま国際アカデミーの高等部11年生の時間割（2014年）

時刻	Monday	Tuesday	Wednesday	Thursday	Friday
8:40- 9:30	音楽/美術/科学	英語B	音楽/美術/科学	英語B	英語
9:35-10:25	歴史（高度）/数学（高度）	歴史（高度）/数学（高度）	歴史（高度）/数学（高度）	歴史（高度）/数学（高度）	歴史（高度）/数学（高度）
10:35-11:25	英語B	生物（標準）/物理（標準）	英語B	生物（標準）/物理（標準）	家庭科
11:30-12:20	保健/体育	生物（標準）/物理（標準）	歴史（標準）/数学（標準）	生物（標準）/物理（標準）	家庭科
12:20-12:45	給食				
12:45-13:00	清掃				
13:20-14:10	情報	国語	保健/体育	国語	英語B
14:15-15:05	歴史（標準）/数学（標準）	IB TOK	国語	IB TOK	音楽/美術/科学
15:10-16:00	国語	HR	国語	歴史（標準）/数学（標準）	総合学習
16:00-16:10	HR	HR	HR	HR	HR

表６－10　ぐんま国際アカデミーの高等部12年生の時間割（2014年）

時　刻	Monday	Tuesday	Wednesday	Thursday	Friday
8:40- 9:30	体育	歴史（高度）/数学（高度）	歴史（標準）/数学（標準）	歴史（高度）/数学（高度）	文学・日本語（高度）
9:35-10:25	歴史（標準）/数学（標準）	体育	TOK	文学・英語（高度）/英語B（高度）	文学・日本語（高度）
10:35-11:25	文学・日本語（高度）	TOK	文学・日本語（高度）	体育	文学・英語（高度）/英語B（高度）
11:30-12:20	化学（標準）	文学・英語（高度）/英語B（高度）	文学・日本語（高度）	化学（標準）	歴史（標準）/数学（標準）
12:20-12:45	給食				
12:45-13:00	清掃				
13:20-14:10	美術（標準）/音楽（標準）			美術（標準）/音楽（標準）	
14:15-15:05	文学・英語（高度）/英語B（高度）	歴史（標準）/数学（標準）	文学・英語（高度）/英語B（高度）	生物（標準）/物理（標準）	美術（標準）/音楽（標準）/化学（標準）
15:10-16:00	歴史（高度）/数学（高度）	文学・英語（高度）/英語B（高度）	歴史（高度）/数学（高度）	生物（標準）/物理（標準）	美術（標準）/音楽（標準）/化学（標準）
16:00-16:10	歴史（高度）/数学（高度）	HR	生物（標準）/物理（標準）	歴史（標準）/数学（標準）	総合

デンマークのＩＢＤＰが、留学生を集めたり、国内のエリート校となっていることと比較すれば、フィンランドでは、母語がフィンランド語でない生徒が不利益を被らないようバイパスのように使われている。

たとえば、２０１４年10月30日に訪問した「ヘルシンキ・スオマライネン総合学校」では、普通科高校にＩＢＤＰクラスが併設されていた。この学校の歴史はその設立が１８８６年と古く、フィンランドで最初の男女共学学校である。そのようないきさつで、独立学校、日本で言う私立学校の扱いとなっている。その学校に、ＩＢＤＰクラスが１９９０年に開設されることになった。

この学校は、小・中・高一貫学校であるが、小学校3年生から入学する。入学には、フィンランド語のテストがあり、今年は250人受験して100人が合格している。

普通科高校段階は、フィンランドの大学受験資格試験を目指す者が80％、IBDPを目指す者が20％である。今年の12年生のうち、IBクラスには30人の生徒がいて、12の国籍に分かれる。難民、移民、国際結婚などの理由で、英語を第一言語（言語A）にして大学受験する生徒たちだ。エリート教育という側面よりは、フィンランド語では不利なので英語を使って切り抜けるというように、大学受験を諦めないための貴重な機会を提供しているのである。IBクラスの生徒は、卒業後に外国の大学を目指すのだが、米国や英国では授業料が高いので、結局は授業料無料のフィンランドにとどまるケースもあるという。

実際に11年生の授業を見てみると、「言語Aの英語と文学・高度（English A Language & Literature HL）」であったが、生徒は14人いて、インド人が2、ソマリア人が1、後はヨーロッパ系の生徒となっていた。授業は、1時間たっぷりあり、アメリカ人の女性が先生で、すべて英語で受け答えしていた。テーマは、「テクストとコンテクスト」で、3人の作家の作品を基に、作品の背景について意見を述べ合っていた。登場人物の名前は何らかのメッセージ、作者の主張が含まれていることを議論し始めた。

それぞれが海外体験があるようで、自分が見聞きしたことをどんどん発表していた。たとえば、男子生徒が米国南部での様子を話し、先生がコロンビアで過ごした時のことを話すという具合だ。女性の名前が流行によって作られること、雑誌がフェミニズムを作り出すのだということにも話が発展していた。また、それぞれの机の上には、チャールズ・ディケンズの著作『ハード・タイムズ』の分厚い英語版が載ってい

表6－11　ヘルシンキ・スオマライネン総合学校一般クラスの教科

教　科　名	必修コース数	選択コース数
母語としてのフィンランド語	6	4
言語A	6	4
スウェーデン語	5	3
言語B	3	8
数学（高度）	10	8
数学（基礎）	6	3
物理	1	9
化学	1	5
生物	2	4
地理	2	3
歴史	4	7
社会学	2	5
哲学	1	4
心理学	1	5
宗教または倫理	2	4
健康	1	2
ビジュアル・アート	2	4
音楽	2	3
スポーツ	2	4
演劇	0	5
ガイダンス・カウンセリング	1	
合計	60または64	

た。

普通科高校の授業は5学期制になっていて、6週間授業を受けて7週目がテスト週間になる。各科目は、表6－11のようになっている。科目はさらにコースに分割される。1コースは38時間の構成で、卒業最低単位は75コースとなっている。そのうち47～51コースが、必修単位となっている。しかも、普通科高校の授業は全コースとも英語で受講できるようになっていて、IBクラスの生徒は英語で授業を受けているという。

普通の生徒は、1学期に5～7コースを受講するので、

表6－12　ヘルシンキ・スオマライネン総合学校IBクラスの教科（○印は開講、△印は2014年度休講）

グループ名	教科名	普通レベル	高度レベル
グループ1（言語A）	英文学 英語と文学 フィンランド文学 自習文学	○ ○ ○ ○	△ ○ ○
グループ2（言語B）	英語 フィンランド語 フランス語B スウェーデン語B	○ ○ ○ ○	○ ○ △ △
グループ3	歴史 経済 世界政治	○ ○ ○	○ ○ ○
グループ4	生物 化学 物理	○ ○ ○	○ ○ ○
グループ5	数学	○	○
グループ6	グループ1～4のうちからもう1科目	○	○
その他	知の理論、奉仕活動（CAS）、課題論文		

国際バカロレア試験ないし大学受験資格試験に合格すれば2年で卒業することもできる。そのような生徒はあまりいなくて、3年かけるのが普通である。逆に、音楽やスポーツで演奏活動や選手活動が忙しい生徒は、4年かけることになる。このような場合には、授業時間の不足を補うために、都市部では予備校が出現し始めた。予備校は有料なので、不公平になるとフィンランド国内では批判が出ている。高校は義務教育ではないので、自己都合で授業に出られない者にまで無料の補習をすべきか現在も議論が続いている。

最低コース数とは、1教科として成績が付く単位のことである。また、追加コースによって、将来の専攻に備えて大学受験資格試験対策が可能になるという構成になっている。コース数とは、年間38週の授業時間として週何時間分の受講をするかという目安となる。

高校1年生、つまり10年生では、IBクラスの生徒もフィンランドの国家カリキュラムに沿って、ほぼ必修科目、29コースの授業を一般クラスと同じように受ける。高校1年生の末に、国際バカロレア試験で受験する教科を決め、6教科の内3〜4教科を高度レベルで学ぶ。

受講モデルは、文系では、A言語（フィンランド文学（高度））、A言語（英語と文学（高度））、B言語・フランス語（標準）、歴史（高度）、生物（標準）、数学（標準）である。グローバル人材（Global Thinker）をめざす者は、A言語（フィンランド文学（高度））、A言語（英語と文学（高度））、経済（高度）、世界政治（高度）、化学（標準）、数学（標準）をとる。2言語とも高度なレベルのA言語に格上げされている点が特徴だ。理系では、A言語（英語と文学（標準））、B言語（フィンランド語（高度））、生物（高度）、化学（高度）、物理（高度）、数学（高度）をとるようだ。

コンピテンス・ベースの、いわゆる「考える授業」は幼稚園からやっているので、IBDPクラスもフィンランドの大学受験資格試験クラスも授業内容も学び方もそれほど変わっていないようで、フィンランドにおいてはIBカリキュラムは違和感なく学校教育に溶け込んでいる。

説明していただいた先生は、

「IBクラスは6教科だけやれば卒業できるから、かえって楽じゃないの」

と話していた。

写真の前半は、ヘルシンキ・スオマライネン総合学校の様子である。6歳児準備級から12年生までの一貫校である。

資料とノートを持ち込んで、もっぱら英語で意見交換をしていた

フィンランド
2014年10月30日

歴史ある伝統的な小・中・高等学校一貫の進学校

校庭では、小学生が体育の授業をしていた

▼

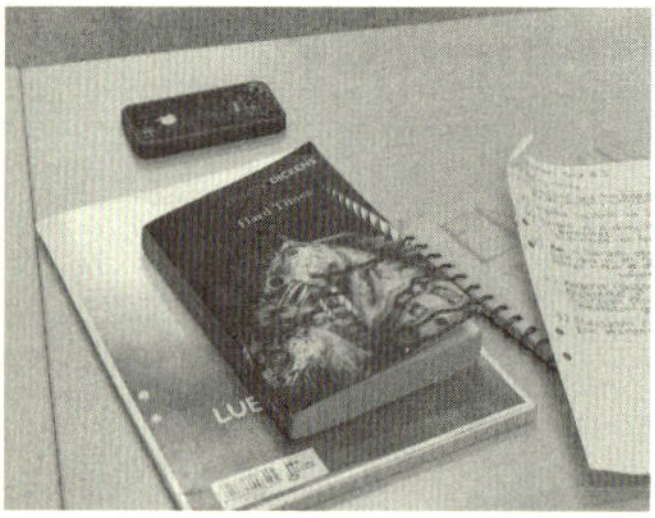

この日、3人の作家が取り上げたテーマについて議論していた。そのうちの一人はチャールズ・ディケンズで、作品は『ハード・タイムズ』。生徒たちは、英文で実物を読んで討論に参加する

IBクラス
世界文学の授業

●デンマークのIBスクール

５００万人の国で、英語で授業を行うＩＢディプロマ校は14校（２０１５年10月現在）とされている。コペンハーゲン郊外のビルケレ普通科高校（Birkerød Gymnasium og HF）を2度訪れた。この高校にはＩＢクラスと寄宿舎が併設されており、ＩＢクラスは英語で授業を受けられるので各国から、とりわけ中東から留学生が来ていた。写真は、２０１３年2月20日の様子である。

興味深かったのは、ヨーロッパ各地のＩＢ校から生徒たちが集まって模擬国連を実施していたことだ。市長や教育省高官からも挨拶があり、行政もよく対

ホールの横では、日本からの教育視察団を横目に、生徒たちが互いに教え合って予習をしていた。使っていた参考書は、ケンブリッジ大学出版の『生物学・第4版』だった。これは、国際大学検定試験（International AS）と英国のAレベル試験向けの教科書だったので、IBクラスではない生徒たちのようだ

普通科高校は大学進学準備をすることが目的。大学に進学する者は、歴史的には少数のエリートだったので、卒業式までに社交ダンスも習得しておく必要がある

▼

応していた。

また、教師二人に生徒一人という体制で、生徒の学習プランが点検されていた。自ら学ぶ、学び方を学ぶという方針が手厚い教育で実現されている様子がうかがえた。

数学の計算は、関数機能の付いた計算機を使う

デンマーク
2013年2月20日
玄関ホールには折り鶴が下がっていた
▼

先生は黒板にチョークを使って説明している

授業ではパソコンを使うのが当たり前だ

パソコンは必需品のようだ

経済の授業ではパソコンを使って情報を集める。スマホ、iPadなども駆使する。立ったままで授業を受け、あちこちの友だちの様子をのぞき込むこともできる

▼

もちろん二人でも

先生は、一斉に説明をした後、机間巡視をしてアドバイスをする

至る所に机が置いてあって、いつでも自習ができる

この日の午前中は、ホールを使って、生徒一人に教師二人が付いて学期ごとの自己学習計画を点検していた。朝8時50分

一人ひとりの学びが実現するように工夫されている

▼

教室の中では授業が続けられているが、この生徒たちは空き時間だろうか

朝10時10分

各国から生徒たちが到着した

▼

午後4時、いよいよ「模擬国連」の開催

この日は、ヨーロッパ各地のIBスクールから代表が集まって「模擬国連」が開かれる。午後1時、個人面談が終わって、ホールでは準備作業が始まった

おわりに――学修（study）から学習（learning）へ

「主体的に判断して行動するという『姿勢』を身につけていたからこそ、『釜石の奇跡』は起きたのです」[1]（片田敏孝）

２０１１年3月11日のこと、東北地方に大地震が発生し、その後、太平洋側には大津波がやってきた。大被害の中で、岩手県の釜石小学校は全校生徒１８４人全員が逃げることができた。それは「釜石の奇跡」と呼ばれる。

まず、釜石市には、山の斜面に「避難道路」が建設され、すぐ高地に上がれるようにあちこちに階段が設けてある。これが、社会が用意したインフラだった。また、釜石では、危機意識も強く、「津波てんでんこ」という言い伝えも残されていて、社会意識も高かった。これを学校では、「おっきな地震がきたらすぐ高台に逃げましょう」「自分の身は自分で守れ」と言い直して子どもたちに伝えた。そしてさらに、ユニークな独自の防災教育を実施していた。子どもたちは、その教えを柔軟な形で身に付けていた。地震の後、指示されたことばをすぐに思い出せたというのは法則化された「パフォーマンス」が身についていたということだ。だが、その日、子どもたちはいろいろな場所でいろいろなことをしていた。[2]釜石の教育の質が高かったから、実践的な力である「コンピテンス」が形成されていたのである。

内金崎愛海さん（小3）は、祖父母に向かって「避難道路に逃げよう」と訴えたが祖父は津波なんか来ない、地震の後片付けをすると言い出す始末であった。「低くても高くてもくっから、とりあえず逃げて」と何度も訴えた。そこまで言うのならと、家の様子を見に職場から戻ってきた父母と共に逃げることになるのだが、母は鳥かごにエサと水を用意するためにと家に残ってしまう。先に避難した愛海さんが「ママが死んじゃう」と泣き叫んだため、父のメールでやっと呼び出された。その母が到着した直後に津波が押し寄せてきたという。

玉田駿佑くん（小4）は、祖父母に何度も何度も訴えて一緒に逃げることにした。しかし、祖母はほとんど目が見えない。学校で教わった避難場所を思い出し、釜石小学校は高くて安全だが10分はかかるので逃げられないと判断して、お寺に向かうことにした。祖母の手を引いてお寺の階段を上りきるのとほぼ同時に大津波が押し寄せてきた。

長瀬大喜くん（小3）は、ゲームをしようとしたとたんに地震があり、周りの家具には頭を隠すような隙間がなかったので隣の寝室に行って布団を引っ張り出して頭を隠し、揺れが収まるのを待った。近所にいるはずの母と連絡を取ろうと焦ったが時間が経ってしまうので、「このままお母さんを待ってちゃいけない」と判断し、急いで靴を履いて避難場所の「青葉公園」に逃げた。母は母で、「まず自分が逃げないと」「生きていれば必ず会える」「大喜は必ず避難している」と自分に言い聞かせて逃げた。そして、避難場所で落ち合うことができた。

後日の取材では、釜石小学校の子どもたちは「お母さん、お父さんは絶対に逃げている」「お父さん、お母さんは、自分の命は自分で守ると思った」と答えたという。

澤田一輝くん（小6）の家には、弟の青くん（小1）の友だちが10人ほど集まっていた。避難場所までは400メートルある。6年生は自転車があるが、1年生は自転車で来ていない。1年生のことを考えて、みんなで走って逃げることにした。しかも、6年生が先頭と後尾に分かれて、1年生を挟んで走ることにした。それは1年生がゲーム機を取りに戻らないように6年生が見張ることを考えたからだという。しばらく走ると、一輝くんが遅れだした。彼は義足だったのである。その時、州くん（小6）は一輝くんを背負おうとする。一輝くんは、自分のせいで州くんを巻き添えにしたくないのでいったんは断る。だがそれでは州くんは納得しないだろうと考え、一輝くんは州くんに背負ってもらう。最後の100メートルは、州くんは一輝くんを背負い、全員が全力で駆けのぼった。津波は、避難場所のすぐ近くまで押し寄せてきた。

長谷川葵くん（小6）と永志くん（小2）はゲームをしていた。地震後30分して避難を呼びかけるサイレンが鳴り始め、やっと避難道路に行くことにした。急いで靴を履いて外に出てみると、すでに水が流れてきていた。葵くんは、高さ50センチほどの津波でも大人が簡単に押し流されてしまう実験映像を小学校で見ていた。これ以上水かさが増せば弟の永志くんは流されてしまう、避難道路に行くよりも自宅の屋上の方が安全と葵くんは判断した。二人は、鉄筋コンクリートの自宅の屋上の柵に必死に捕まりながら、流されないで耐えた。

6年生の女子7人と男子2人は、海で釣りをしていた。地震が来ると、まずしゃがんで手で頭を守った。50メートルほど離れた場所に8階建ての市営ビルがあり、そこが津波緊急避難ビルとなっていた。ビルに到着すると、大人たちはいっこうに避難する気配がないので、子どもたちの中には釣り竿を取りに戻ろうというものも出てきた。寺崎幸希さんは、大きな揺れであったことと、海の水が引いたから、津波は絶対に来ると判断し、「大人の指示を待たずに、別のところに逃げよう」と提案する。山本洋佑くんは、「避難道路に行こう」「このビルよりも高くて安全だ」と提案する。「今なら津波が来る前に逃げ切れる」「市営ビルは孤立してしまって他に逃げ場がない」と考えたからだという。この子どもたちは、緊急避難場所にいったんは避難したものの、安全を確保した後にすぐさま対応レベルを上げて、さらに安全な場所に逃げようともう一度選び直しをしたわけである。後の取材に対して、山本洋佑くんは、「避難道路なら後ろが山なので、上ってさらに高いところにも逃げられます」「そういうことをいろいろ考えて、避難道路の方が安全だと判断しました」と答えている。

この子どもたちのように、自分が今いる場所、目標地点までの距離、一緒に逃げる者の有無、残された時間の推定、その他思いつく条件を合理的に判断して決心し実践する力、それを教育学では「コンピテンス」とか「知力」と呼んでいる。パフォーマンスは想定された状況で実践できる力だが、コンピテンスは想定外の新しい状況で、あるいは想定以上の複雑な条件が絡み合った時、身につけた知識や技能を総合的に適用していく力のことを言う。そして、このコンピテンスを育てる教育は、日本になかったわけでもなく、人々が気づかなかったわけでもなかった。

コンピテンスを育てるために、釜石市の小中学校では、群馬大学の片田敏孝教授の協力を得て、「主体的に逃げる力」を教育をした。たとえば、子どもたちがハザードマップを作る時でも、片田教授は「ハザードマップを信ずるな」と教えた。ハザードマップはどちらの方向に逃げるかの目安をつけるだけで、「浸水想定区域」にとらわれず、「この程度で大丈夫だろう」とは考えず、自分ができる最善の道を考えるように仕向けたのである。また、学校は、子どもが一人ひとりばらばらになって逃げる避難訓練などをした。一堂に集まって、教師の指示を待ってから一斉に集団下校、あるいは親子下校するといった訓練ではない。文科省が学習指導要領に掲げる「生きる力」を育むためには、NHK取材班が指摘するように、「教える側の先生たちの熱意や姿勢が問われる」(3)のだ。日本を代表する経営学者の野中郁次郎一橋大学名誉教授は、釜石小では「形骸化した知識の詰め込みではなく、自らの経験値に基づいて判断し行動することを可能とする生きた教育を行った」(4)と評価している。

では、防災教育のみならず、教科の教育にもこの釜石の実践を徹底してみたらどうなるだろうか。たとえば、本当に使える英語を目指したら、どのような授業になるのだろうか。日本の学校教育をコンピテンス・ベースに作り変えたらどうなるのか。アクティブ・ラーニングを小学校から、いや幼稚園から始めるにはどうすべきだろうか。子どもたち一人ひとりの人生のためになる教育を作っていくとしたら、教師は何をすることになるのだろうか。

まずは一人ひとりの進度と進路に合うように、その地域の自然・社会環境、その子の家庭の教育環境のよさを引き出せるように標準カリキュラムを作り変える高度な能力を持った教師を育てなくてはならない。そのような高度な能力が発揮できる人物を教師として集められるような職場環境を作り、社会的な地位と、社会からの期待と尊敬が教師たちに感じられるような日常にしなくてはならない。学校、家庭、地域の人間関係など、子どもも教師もクリエイティビティが発揮できる教育的な、教養のある社会ということだ。

様々なものが絡み合って質の高い教育が作り出されていく。一般的には、インターナショナルスクール

（国際学校）は、年間授業料2万ドル、寮費1万ドルという世界だ。これでは、教育格差が生まれてしまう。しかし、福祉国家のフィンランドでは、あらゆる学校の授業料は無料、未成年には給食費無料、義務教育段階では教材費も無料にして学校教育を運営している。日本にできる形で教育のトータル・デザインを描き、国民の共通理解とする動きが必要である。「追いつけ、追い越せ」といった開発途上国型の教育を、一人ひとりに合うようなオーダーメイドの教育へと修正していく時期に日本もまたさしかかっている。グローバリズムの中で、今、教育の開国が迫られているということである。大人が知恵を出し合って教育制度を変えてこそ、「先進国」として日本が生き残ることができるのだろう。

釜石の奇跡は大川小学校の悲劇と対比して語られてきた。その違いこそ、今の日本の教育の分かれ道のように思える。今、それが問われ、今こそ変えていこうとする力がたくさん生まれている。

定められた知識を教科書から覚えるという学修から、教科書を使って探究し未知の知識を作り出していく学習へと先進諸国は変わりつつある。それならば、教科書を教える教育から、学びを誘い支援することへと教師の役割は変わらなくてはならない。だとすれば、大学の教員養成は、幅広く深い教養に裏付けられた上に、目の前の生徒たちに合わせて身近な生活から適切な教材を作り出し、一人ひとりの理解に合わせて適切な問いかけや支援ができる力を学生につけさせなくてはならない。喜びや驚きや様々な感動を伴って知識を共につくっていくという探究体験こそ、大学教育に求められていると考え、筆者は実践に乗り出そうとしている。

教育の今日的課題を理解している出版社と、長年のよき理解者であり支援者である編集者・木村隆司さんには今回もお世話になった。お礼申し上げたい。

本文注釈

本文中の引用は、原著から筆者が訳したもので、筆者の責任である。

はじめに

（1）Thomas L. Friedman. *The Lexus And The Olive Tree: Understanding Globalization.* Farrar Straus & Giroux, 1999, 302. トーマス・フリードマン著、東江一紀、服部清美訳『レクサスとオリーブの木―グローバリゼーションの正体』（下）、草思社、２０００年、１５７ページ。

（2）Leon Mann. Creativity and Innovation: Principle and Policy Implications. In Leon Mann and Janet Chan (eds) *Creativity and Innovation in Business and Beyond: Social Science Perspectives and Policy Implications.* New York: Routledge, 2011, 259.

（3）河添恵子『エリートの条件―世界の学校・教育最新事情』学習研究社、２００９年、13ページ。

（4）同、14ページ。

（5）同、１４９―１５０ページ。

（6）James Cambridge. Global Citizenship Education as Pedagogic Discourse. In Daphne P. Hobson and Iveta Silova (eds) *Globalizing Minds Rhetoric and Realities in International Schools.* Charlotte, NC: Information Age Publishing Inc., 2014, 17.

（7）Thomas L. Friedman. *The Lexus And The Olive Tree,* OP. cit., 26. トーマス・フリードマン著、東江一紀、服部清美訳『レクサスとオリーブの木　グローバリゼーションの正体』（上）、草思社、２０００年、56ページ。

（8）Ibid. 28. 同、60ページ。

（9）Peter Ferdinand Drucker. *Age of Discontinuity: Guidelines to our Changing Society.* Butterworth-Heinemann Ltd, 1969. P．F．ドラッカー著、林雄二郎訳『断絶の時代―来たるべき知識社会の構想』ダイヤモンド社、１９６９年。

（10）Richard Florida. *The Rise of the Creative Class.* Basic Books, 2002. リチャード・フロリダ著、井口典夫訳『クリエイティブ資本論―新たな経済階級の台頭』ダイヤモンド社、２００８年。

（11）Tristan Bunnell. International Baccalaureate and its "Second Era" of Ambitious Rhetoric: Wider Access and Greater Impact. In Iveta Silova and Daphne P. Hobson (eds) *Globalizing Minds Rhetoric and Realities in International Schools.* Charlotte, NC: Information age Publishing Inc., 2014, 147.

第1章

（1）「文部科学省」のホームページ「高大接続システム改革会議」に議事要旨、議事録、配付資料がアップしてある。また、その前史は、２０１４年12月22日の『中央教育審議会総会高大接続に関する答申』、２０１５年１月16日の文部科学大臣決定『高大接続改革実行プラン』である。

（2）OECD. *The Jobs Strategy: Technology, Productivity and Job Creation: Vol.2 Analytical Report*. Paris: OECD, 1996, 75.

（3）ホームページ「PISA: examples of computer-bsed items」から問題解決（Problem Solving）を選択する。ページ(http://cbasq.acer.edu.au/index.php?cmd=toProblemSolving)のうち、「Japan Japanese」の欄にある「CP002 Robot Cleaner」を選択する。

第2章

（1）Alec D. Peterson. *The Future of the Sixth Form*. London: Routledge & Kegan Paul, 1973, 41.

（2）Elisabeth Fox. International Schools and International Baccalaureate. *Harverd Educational Review*, Vol.55, No.1, February 1985, 57.

（3）David Finegold, Ewart Keep, David Miliband, David Raffe, Ken Spours and Michael Young. *A British 'Baccalauréat': Ending the Division between Education and Training*. Institute for Public Policy Research (IPPR), London, 1990, 5.

（4）ジュネーブ国際学校のホームページ「われわれの歴史」。http://www.ecolint.ch/about-ecolint/our-history

（5）D. Cole-Baker. Towards an International University Entrance Examination: Background; The Birth of an Idea. *Comparative Education*, Vol.2, Iss.1, 1965, 43.

（6）A. D. C. Peterson. *The Far East: A Social Geography*. London: Gerald Duckworth, 1949.

（7）Bob Sylvester. The 'first' international school. In Mary Hayden, Jeff Thompson and George Walker (eds) *International Education in Practice: Dimension for National & International Schools*. London: Routledge, 2002, 21.

（8）Marie-Thérèse Maurette. *Educational Techniques for Peace: Do They Exist?* Unesco/SS/TAIU/9, Paris, 4 October 1948, 1.

（9）Ian Hill. International Education as Developed by International Baccalaureate Organization. In Mary Hayden, Jack Levy and Jeff Thompson (eds) *The SAGE Handbook of Research in International Education*. London: SAGE, 2007, 26.

（10）Council of Europe. *Equivalence of Diploma leading to Admission to Universities: Declaration on the Application of the European Comvention of 11 December 1953*. Strasbourg, 1953.

(11) UNESCO. *Textbooks and International Understanding: Unesco Meeting of Education Publishers, Geneva, 11-14 July 1961,* Uesco/EDPUB/61/5, 7 June 1961, 2.

(12) 西村俊一「ECのヨーロッパ学校とヨーロッパ・バカロレア」西村俊一編著『国際的学力の探究—国際バカロレアの理念と課題』創友社、１９８９年、21ページ。

「欧州学校規約（Status of the European School)」第４条

教授言語は、デンマーク語、オランダ語、英語、フランス語、ドイツ語、ギリシャ語、イタリア語。

学校では７言語部門に分かれて授業が行われるが、シラバスと時間割は同一とする。

相互理解と文化交流を促すために、初等教育段階では「ヨーロッパの時間」、中等教育段階では実用言語（英語、フランス語、ドイツ語）の授業にて交流授業を行う。

学習する言語は、初等教育段階では教授言語（言語１）と外国語（言語２）、中等教育段階第２学年からは第二近代語（言語３）。

(13) UNESCO. *International Understanding at School: Circular No.8,* October 1964, WS/0764.116(ED), 3.　および、Gérard Renaud. *Experimental period of International Baccalaureate: objectives and results.* Paris: UNESCO Press, 1974, 4.

(14) Ministry of Education. *15 to 18: A report of the Central Advisory Council for Education (England).* London: Her Majesty's Stationery Office, 1959.　クラウザー報告書（The Crowther Report）と呼ばれる。担当者は（Geoffrey Crowther, Baron Crowther）で、似た時期にソビエトを訪問し、ソビエトの産業教育を報告したクラウザー（James Gerald Crowther）とは別人である。

(15) *Ibid*, 223.

(16) *Ibid*, 258.

(17) *Ibid*, 262.

(18) *Ibid*, 263.

(19) Oxford University, Department of Education. *Arts and Science Sides in the Sixth Form: A Report to the Gulbenkian Foundation.* Abingdon, Berkshire: Abbey Press, 1960, 25.

(20) *Ibid*, 37.

(21) *Ibid*, 13-14.

(22) Ministry of Education. *15 to 18, Op. cit.*, 333.

(23) Oxford University, Department of Education. *Arts and Science Sides in the Sixth Form. Op. cit.*, 14.

(24) A.D.C. Peterson. *Schools Across Frontiers: The Story of International Baccalaureate and the United World Colleges.* La Salle,

Illinois: Open Court, 1987, 22.

(25) D. Cole-Baker. Towards an International University Entrance Examination: Background; The Birth of an Idea. *Comparative Education*, Vol.2, Iss.1, 1965, 9.

(26) A.D.C. Peterson. *Schools Across Frontiers. Op. cit.*, 28.

(27) A.D.C. Peterson. *The Future of Education*. London: Cresset Press, 1968, 48-49.

(28) A.D.C. Peterson. *The Future of the Sixth Form*. London: Routledge & Kegan Paul, 1973, 27.

(29) ピーターソンは、はっきりとユダヤと書いている。A.D.C. Peterson. *Schools Across Frontiers. Op. cit.*, .

(30) ホームページ「ゴードンストン・スクール」。http://studyabroad.alc.co.jp/uk/gordonstoun-school/

(31) David Brooke Sutcliffe. The United World Colleges. In Patricia L. Jonietz and Duncan Harris (eds) *International Schools and International Education*. London: Kogan Page, 1991, 26.

(32) A.D.C. Peterson. *Schools Across Frontiers: The Story of International Baccalaureate and the United World Colleges*. La Salle, Illinois: Open Court, 1987,4.

(33) *Ibid*, 3.

(34) David Brooke Sutcliffe. The United World Colleges. *Op. cit.*, 27.　正式には、「北大西洋条約（North Atlantic Treaty）」のことで、「北大西洋条約機構（NATO：North Atlantic Treaty Organization）」成立の根拠となった。

(35) A.D.C. Peterson. *Schools Across Frontiers. Op. cit.*, 3.

(36) *Ibid*, 4.

(37) David Sutcliffe. *The First Twenty Years of the United World Colleges*. 3.

(38) A.D.C. Peterson. *Schools Across Frontiers. Op. cit.*, 7.

(39) David Sutcliffe. *The First Twenty Years of the United World Colleges*. 4.

(40) A.D.C. Peterson. *Schools Across Frontiers. Op. cit.*, 12.

(41) *Ibid*, 5.

(42) Elisabeth Fox. The Emergence of International Baccalaureate as an Impetus for Curriculum Reform. In Mary Hayden and Jeff Thompson (eds) *International Education: Principles and Practice*. London: Kogan Page, 1998, 70-71.

(43) David Brooke Sutcliffe. The United World Colleges. In Patricia L. Jonietz and Duncan Harris (eds) *International Schools and International Education*. London: Kogan Page, 1991, 29.

(44) A.D.C. Peterson. *Schools Across Frontiers. Op. cit.*, 17.
(45) D. Cole-Baker. Towards an International University Entrance Examination: Background; The Birth of an Idea. Comparative Education, Vol.2, Iss.1, 1965, 43.
(46) UNESCO. *Records of the General Conference Resolutions*, Twelfth Session 1962. Paris, 1963, 13.
(47) A.D.C.Peterson, *International Baccalaureate: An Experiment in Education*, London: George G. Harrap & Co. Ltd, 1972, 9.
(48) A.D.C. Peterson. *Schools Across Frontiers. Op. cit.*, 17.
(49) D. Cole-Baker. Towards an International University Entrance Examination: Background; The Birth of an Idea. *Comparative Education*, Vol.2, Iss.1, 1965, 43.
(50) A.D.C. Peterson. *Schools Across Frontiers. Op. cit.*, 18.
(51) A.D.C.Peterson, *International Baccalaureate. Op. cit.*, 10.
(52) Ibid.
(53) D. Cole-Baker. Towards an International University Entrance Examination: Background; The Birth of an Idea. *Comparative Education*, Vol.2, Iss.1, 1965, 43.
(54) デスモンド・コールベイカーとは別人である。Jay Mathews and Ian Hill. *Supertest: How International Baccalaureate Can Strengthen Our Schools*, Open Court Pub Co., 2005, 22.
(55) A.D.C. Peterson. *Schools Across Frontiers. Op. cit.*, 22.
(56) Gérard Renaud. *Experimental period of International Baccalaureate: objectives and results*. Paris: UNESCO Press, 1974, 5.
(57) UNESCO. *Records of the General Conference Resolutions*, Thirteenth Session 1964. Paris, 1965, 14.
(58) Patricia L. Jonietz and Duncan Harris (eds). *International Schools and International Education*. London: Kogan Page, 1991, ix.
(59) Gérard Renaud. *Experimental period of International Baccalaureate: objectives and results*. Paris: UNESCO Press, 1974, 4. ジュネーブの国際バカロレア事務所長のジェラード・ルノー（G. Renaud、英語読みはレナウド）が、ユネスコ国際教育局に提出した文書。フランス政府主催のＵＮＥＳＣＯ会議であった。
(60) Gérard Renaud. *Experimental period of International Baccalaureate. Op. cit.*, 4.
(61) D.Cole-Baker, Toward an International University Entrance Examination. *Comparative Education*, Vol.2, No.1, November 1965, 44.
(62) Jay Mathews and Ian Hill. *Super Test: How International Baccalaureate can Strengthen Our Schols*. Chicao: Open Court, 2005, 66.

(63) A.D.C. Peterson. *Schools Across Frontiers. Op. cit.*, 19.
(64) Gérard Renaud. *Experimental period of International Baccalaureate. Op. cit.*, 10??.
(65) A.D.C. Peterson. *Schools Across Frontiers. Op. cit.*, 28-29.
(66) Gérard Renaud. *Experimental period of International Baccalaureate. Op. cit.*, 9.
(67) *Ibid*, 10.
(68) *Ibid*, 6.
(69) P. Tarc. *Global Dreams, Enduring Tensions: International Baccalaureate in a Changing World*. New York: Peter Lang, 2009, 11.
(70) A.D.C. Peterson. *Schools Across Frontiers. Op. cit.*, 36.
(71) Banesh Hoffman. The Tyranny of Testing. New York: Collier-Macmillan, 1964, 30. ただし、Crowell-Collier 版は、１９６２年出版。
(72) 大迫弘和『国際バカロレア入門―融合による教育イノベーション』学芸みらい社、２０１３年、85ページ。
(73) D.Cole-Baker, Toward an International University Entrance Examination. *Comparative Education*, Vol.2, No.1, November 1965, 44.
(74) A.D.C. Peterson. *Schools Across Frontiers: The Story of International Baccalaureate and the United World Colleges*. La Salle, Illinois: Open Court, 1987, 29.
(75) *Ibid*.
(76) UNESCO. *Records of the General Conference Resolutions*, Fourteenth Session 1966. Paris, 1967, 24.
(77) *Ibid*, 170.
(78) International Schools Examination Syndicate (ISES). *International Baccalaureate: university entrance examination*. Geneva, 1967, 36. ただし、Gérard Renaud. *Experimental period of International Baccalaureate: objectives and results*. Paris: UNESCO Press, 1974, 11. より重引。
(79) Gérard Renaud. *Experimental period of International Baccalaureate. Op. cit.*, 12.
(80) Ian Hill. *History of the IB & issues for the future: IB AP Reginal Conference Singapore March 2010*. 13 pdf スライド
(81) A.D.C. Peterson. *Schools Across Frontiers. Op. cit.*, 34-36.
(82) *Ibid*, 34-41.
(83) *Ibid*, 43.

(84) Gérard Renaud. *Experimental period of International Baccalaureate. Op. cit.*, 5.

(85) A.D.C. Peterson. *International Baccalaureate: An experiment in international education*. Londn: George G.Harrap & Co. Ltd, 1972, 13-14.

(86) International Baccalaureate Office. *General Guide to International Baccalaureate, 5th ed.*, Geneva: IBO, 1985.

(87) Elisabeth Fox. International Schools and International Baccalaureate. *Harvard Educational Review*, 55, 53-68.

(88) *Ibid*, 53-68.

(89) Elisabeth Fox. The Emergence of International Baccalaureate as an Impetus for Curriculum Reform. In Mary Hayden and Jeff Thompson (eds) *International Education: Principles and Practice*. London: Kogan Page, 1998, 70.

(90) Ian Hill. *International Baccalaureate: Pioneering in Education*. Woodbridge, UK: John Catt Publication, 2010, 123.

(91) IBO. *General Gide to International Baccalaureate*, Geneva: IBO, 1970.

(92) Gérard Renaud. *Experimental period of International Baccalaureate. Op. cit.*, 13.

(93) *Ibid*, 13-14.

(94) Eva Forsberg and Henrik Román. The Atr of Borrowing in Swedish Assessment Policies: More than a Matter of Transnational Impact. In Andreas Nordin and Sundberg Daniel (eds) *Transnational Policy Flows in European Education: The Making and Governing of Knowledge in the Education Policy Field*. Oxford: Symposium Books, 2014, 214.

(95) Ralph Winfred Tyler. *Education Curriculum Development and Evaluation*: An Oral History Conducted 1985-1987 by Malca Chall. Berkeley: Regents of the University California, 1987, 272.

(96) Gérard Renaud. *Experimental period of International Baccalaureate. Op. cit.*, 14.

(97) *Ibid*.

(98) *Ibid*.

(99) *Ibid*, 35.

(100) *Ibid*, 43.

(101) Elisabeth Fox. International Schools and International Baccalaureate. *Harvard Educational Review*, Vol.55, No.1, February 1985, 60.

(102) Anna M. Hahn. What Discursive Practices Can Reveal about "Being" Global. In Iveta Silova and Daphne P. Hobson (eds) *Globalizing Minds Rhetoric and Realities in International Schools*. Charlotte, NC: Information age Publishing Inc., 2014, 290.

(103) A.D.C. Peterson. *Schools Across Frontiers. Op. cit.*, 141.
(104) Jay Mathews and Ian Hill. *Super Test: How International Baccalaureate can Strengthen Our Schols*. Chicao: Open Court, 2005, 66.
(105) *Ibid*, 68.
(106) A.D.C. Peterson, Second World Conference on International Baccalaureate: A Report, *Comparative Education*, Vol.14, No.2, June 1978, 163-165.
(107) 町田操子『国境のない学校―国際連合国際学校』泰流社、１９７８年、１４１ページ。
(108) C. Gellar. International Education: A Commitment to Universal Values. In Mary Hayden, Jeff Thompson and G. Walker (eds) *International Education in Practice: Dimensions for National and International Schools*. London: Kogan Page, 2002, 32.
(109) A.D.C. Peterson. *Schools Across Frontiers. Op. cit.*, 161-162.
(110) Elisabeth Fox. The Emergence of International Baccalaureate as an Impetus for Curriculum Reform. In Mary Hayden and Jeff Thompson (eds) *International Education: Principles and Practice*. London: Kogan Page, 1998, 71.
(111) A.D.C. Peterson. *Schools Across Frontiers. Op. cit.*, 165. 他にアメリカの中等教育改革については 137-138.
(112) Ernest L. Boyer. *High School: A Report on Secondary Education in America: The Carnegie Foundation for the Advancement of Teaching*, New York: Harper & Row, 1983, 237.
(113) A.D.C. Peterson. *Schools Across Frontiers. Op. cit.*, 147.
(114) *Ibid*, 162.
(115) David Osborne and Ted Gaebler. Reinventing Government: How the Entrepreneurial Spirit is Transforming the Public Sector. Plume Book, 1993, 97. デビッド・オズボーン、テッド・ゲーブラー著、野村隆、高地高司訳『行政革命』日本能率協会マネジメントセンター、１９９５年、99ページ。
(116) IBO. *General Guide to International Baccalaureate, fifth edition*, IBO, 1980.
(117) 宮腰英一「独自科目としての『知の理論』」西村俊一編著『国際的学力の探究―国際バカロレアの理念と課題』創友社、１９８９年、21ページ。
(118) A.D.C. Peterson. *Schools Across Frontiers. Op. cit.*, 221-224.
(119) Jeff J. Thompson. Presentation at International Baccalaureate Seminar. University of London, 1988.
(120) 現在の「国際バカロレア」の公式ホームページ「IBからの回答」、問：ＣＡＳはなぜあるのですか。なぜＩＢディプロマ・プログラムの一部になっているのですか。https://ibanswers.ibo.org/app/answers/detail/a_id/4327/~/where-does-cas-come-from%3F-

why-is-it-part-of-the-ib-diploma-programme%3F

(121) ©2012 Garland Independent School District. All Rights Reserved. Garland, Texas (http://www.garlandisd.net/departments/advanced_academics/IB.asp)

(122) Jay Mathews and Ian Hill. *Super Test: How International Baccalaureate can Strengthen Our Schols*. Chicao: Open Court, 2005, 69.

(123) Patricia L. Jonietz and Duncan Harris (eds). *International Schools and International Education*. London: Kogan Page, 1991, 3.

(124) Roberst Blackburn. International Baccalaureate: a curriculum at upper secondary level and a university enctrance examination. In Patricia L. Jonietz and Duncan Harris (eds) *International Schools and International Education*. London: Kogan Page, 1991, 15.

(125) *Ibid*, 15.

(126) H. Poelzer and J. Feldhusen. International Baccalaureate: A program for gifted children. *Roper Review*, 19(３), May 1997, 168-171.

(127) European Commission. *Com(93)700: Growth, Competitiveness, Employment. The Challenges and Ways Forward into the 21st Century. White Paper*. Brussel: Commission of the European Communities, 1993, 122. 出版は１９９４年。

(128) European Commission. *Com(95): Teaching and Learning. Towards the Learning Society. White Paper on Education and Training*. Brussel: Commission of the European Communities, 1995.

(129) OECD. *The Knowledge-based Economy*. Paris: OECD, 1996. OECD. *Employment and Growth in the Knowledge-based Economy*: OECD Documents. Paris: OECD, 1996. OECD. *Measuring What People Know: Human Capital Accounting for the Knowledge Economy*. Paris: OECD, 1996.

(130) OECD. Dynamising National Innovation Systems. Paris: OECD, 2002. OECD. Competitive Cities in the Global Economy. Paris: OECD, 2006.

(131) Robert Bernard Reich. *The Work of Nations: Preparing Ourselves for 21st-Century Capitalism*. Knopf, 1991. ロバート・B・ライシュ著、中谷巌訳『ザ・ワーク・オブ・ネーションズ—21世紀資本主義のイメージ』ダイヤモンド社、１９９１年。

(132) Richard Florida. *The Rise of the Creative Class*. Basic Books, 2002. リチャード・フロリダ著、井口典夫訳『クリエイティブ資本論—新たな経済階級の台頭』ダイヤモンド社、２００８年。彼の一連の著作および Charlotta Mellander, Richard Florida, Bjørn T. Asheim and Meric Gertler (eds) *The Creative Class Goes Global*. Routledge, 2013.

(133) R. H. Useem, R. D. Downie. *Third-Culture Kids*. Today, 56(3), 1976, 103-105.

(134) David C. Pollock and Ruth E. Van Reken. The Third Culture Kid Experience. Yarmouth, MA: Intercultural Press, 1999, 22-23. デビッド・C・ポロック、ルース＝ヴァン・リーケン著、嘉納もも、日部八重子訳『サードカルチャーキッズ—多文化の間で生きる

子どもたち』スリーエーネットワーク、２０１０年、38～39ページ。

(135) California Postsecondary Education Commission. International Baccalaureate Diploma Program, *Higher Education Update, Number UP/99-5*, October 1999, 2-4.

(136) Tristan Bunnell. International Education and the 'Second Phase': a Framework of Conceptualizing its Nature and for the Future Assessment of its Effectiveness. *Compare*, Vol.38, No.4, August 2008, 419.

(137) Tristan Bunnell. International Baccalaureate and its "Second Era" of Ambitious Rhetoric: Wider Access and Greater Impact. In Iveta Silova and Daphne P. Hobson (eds) *Globalizing Minds Rhetoric and Realities in International Schools*. Charlotte, NC: Information age Publishing Inc., 2014, 144-145.

(138) Tristan Bunnell. *Global Deucation under Attack: International Baccalaureate in America*. Frankfurt am Main: Peter Lang, 2012, 132.

(139) M. C. Hayden and J. J. Thompson International Education: Flying Flags or Raising Standards? *International Schools Journal*, XIX(2), April 2000, 48-56.

(140) Tristan Bunnell. International Baccalaureate and its "Second Era" of Ambitious Rhetoric. *Op. cit.*, 145

(141) *Ibid*, 145.　Bunnell. 2009,

(142) Craig Calhoun. *Critical Social Theory: Culture, History, and the Challenge of Difference*, John Wiley & Sons, 1995.

(143) Tristan Bunnell. International Baccalaureate and its "Second Era" of Ambitious Rhetoric. *Op. cit.*, 141

(144) Eurydice European Unit. *Key Competencies: A Developing Concept in General Compulsory Education*. Bussels, 2002.

(145) Jay Mathews and Ian Hill. *Super Test: How International Baccalaureate can Strengthen Our Schols*. Chicao: Open Court, 2005, 123-124.

(146) *Ibid*, 214.

(147) Tristan Bunnell. International Baccalaureate and its "Second Era" of Ambitious Rhetoric. *Op. cit.*, 142

(148) Tristan Bunnell. International Baccalaureate in the United States: From Relative Inactivity to Imbalance. *The Education Forum*, Vol.75, 2011, 71.

(149) Thomas Friedman. The World is Flat: A brief history of the globalized world in the 21st century. Updated and expanded. Allen Lane, 2005. トーマス・フリードマン著、伏見威蕃訳『フラット化する世界―経済の大転換と人間の未来』（下）日本経済新聞社、２００６年、45ページ。

(150) Tristan Bunnell. International Baccalaureate and its "Second Era" of Ambitious Rhetoric. *Op. cit.*, 145.
(151) EC. *Presidency Conclusions: Brussels European Council 14/15 December 2006*, 16879/1/06 Rev 1, 13.
(152) Recomendation of the European Parliament and of the Council of 18 December 2006 on key competences for lifelong learning. 2006/962/EC. *Official Journal of the European Union, 30.12.2006, L394/10.*
(153) European Commission, Directorate-General for Education and Culture. Working Group B. *Imprementation of "Education and Training 2010" Work Programme: Key Competences: Key Competences for Lifelong Leraning; A European Reference Framework*, November 2004, Bruxelle, 2.
(154) *America Competes Act*. Public Law 110-69—AUG. 9, 2007, 55.
(155) Susan Ledger, Lesley Vidovich and Tom O'Donoghue. *Global to Local Curriculum Policy Process: The Enactment of International Baccalaureate in Remote International Schools*. Switzerland: Springer, 2014, Ch.5-7.
(156) Nicholas Lemann. *The Big Test: The Secret History of the American Meritocracy*. New York: Farrar Straus & Giroux, 1999, 24-26. ニコラス レマン著、久野温穏訳『ビッグ・テスト―アメリカの大学入試制度 知的エリート階級はいかにつくられたか』早川書房、２００１年、34―36ページ。
(157) 大迫弘和『国際バカロレア入門―融合による教育イノベーション』学芸みらい社、２０１３年、86ページ。
(158) Tristan Bunnell. International Baccalaureate Middle Years Programme after 30 years: A Critical Inquiry. *Journal of Research in International Education*, 10(3), 2011, 261.
(159) Neil Richards. A Question of Balance. In Mary Hayden and Jeff Thompson (eds) *Taking the IB Diproma Programme Forward*. John Catt Educational Ltd., 2011, 45.

第３章

（１）文科省ホームページ「国際バカロレアの趣旨を踏まえた教育の推進」
http://www.mext.go.jp/a_menu/shotou/kyoiku_kenkyu/index.htm?utm_medium=twitter
（２）Iveta Silova and Daphne P. Hobson. The Pedagogy and Politics of Global Citizenship in International Schools: Setting the Context. In Iveta Silova and Daphne P. Hobson (eds) *Globalizing Minds Rhetoric and Realities in International Schools*. Charlotte, NC: Information age Publishing Inc., 2014, 4.
（３）Alec D. C. Peterson. *The Future of Education*. London: Cresset Press, 1968, 44.

(4) International Baccalaureate Organization. *What is an IB education?* Cardiff: International Baccalaureate Organization (UK), 2013. http://www.ibo.org/globalassets/publications/what-is-an-ib-education-en.pdf
国際バカロレア機構『国際バカロレア（ＩＢ）の教育とは?』２０１４年。
http://www.ibo.org/globalassets/digital-tookit/brochures/what-is-an-ib-education-jp.pdf

(5) Shanda Drumm. *International Baccalaureate: An Exploration of the Differences between the US and UK Implementation of IB Programme*. Saarbrücken: LAP Lambert, 2014, 3.

(6) Lesley Snowball. The Learner Profile and the MYP Areas of Interaction: A Relationship Explored. In Mary Hayden and Jeff Thompson (eds) *Taking the MYP Foward*. John Catt Educational Ltd., 2011, 131.

(7) 大迫弘和編著『国際バカロレアを知るために』水王舎、２０１４年、１４１―１４２ページ

(8) James Cambridge. International Curriculum. In Richard Bates (ed) *Schooling Internationally: Globalisation, Internationalisation and the Future for International Schools*. London: Routledge, 2011, 126.

第４章

(1) 町田操子『国境のない教育―国際連合国際学校』泰流社、１９７８年、67～68ページ。

(2) 同、68ページ。

(3) 同、69ページ。

(4) 同、64ページ。

(5) 同、65ページ。

(6) 同、66ページ。

(7) 同、69ページ。

(8) Dennison J. MacKinnon. Afterword. In Simon Davidson and Steven Carber (eds) *Taking the PYP Forward*. John Catt Educational Ltd., 2012, 163.

(9) Chris Charleson, Tracy Moxley and David Batten. 21st Century Learning: Community and Service in the MYP. In Mary Hayden and Jeff Thompson (eds) *Taking the MYP Forward*. John Catt Educational Ltd., 2011, 95.

(10) ３人が指摘した国際的に影響力を持つ学力規定は、以下のようなものである。
Council Europe. *Maastricht Global Education Declaration: Euro-wide Global Education Congress*. Maastricht: Council of Europe,

2002.
Qualification and Curriculum Authority (QCA). *A Curriculum for the Future: Subjects Consider the Challenge*. London: Qualification and Curriculum Authority, 2005.
D. Salganik and L. Rychen. *The Definition and Selection of Key Competencies: Executive Summary*. Neuchâtel: DeSeCo, 2005.
Oxfam. *Education for Global Citizenship: A Guide for Schools*. Oxford, Oxfam, 2006.
CSCNEPA(Australian Curriculum Standing Committee of National Education Professional Associations) *Developing a 21st Century School Curriculum for All Australian Students*. CSCNEPA, 2007.
National Leadership Council for Liberal Education America's Promise(LEAP). *College Learning for the New Global Century*. Washington, DC: Association of American Colleges and Universities, 2008.
IB. *IB Learner Profile Booklet*. Cardiff: International Baccalaureate, 2009.
Partnership for 21st Century Skills. *Framework for 21st Century Learning*. 2009.

（11）坪谷ニュウエル郁子『世界で生きるチカラ―国際バカロレアが子どもを強くする』ダイヤモンド社、２０１４年、１３５ページ。

（12）Janet Field. Subject-Based, Interdisciplinary and Transdisciplinary Approaches to the MYP. In Mary Hayden and Jeff Thomson (eds) *Taking the MYP Forward*. John Cat Educational Ltd., 2011, 65.

（13）International School of Paris. *Primary Years Programme Curriculum Gide 2013-14*. および International School of Paris. *Primary Years Programme Curriculum Gide*

（14）福田誠治『格差をなくせば子どもの学力は伸びる―驚きのフィンランド教育』亜紀書房、２００７年、62～１５３ページ。

（15）Amanda Ripley. *The Smartest Kids in the World: And How They Got That Way*. Simon & Schuster, 2013, 96.　アマンダ・リプリー著、北和丈訳『世界教育戦争―優秀な子供をいかに生み出すか』中央公論新社、２０１４年、１４２ページ。

（16）Andy Hargreaves and Michael Fullan. *Professional Capital: Transforming Teaching in Every School*. London: Routledge, 2012, 2-3.

（17）この進行状況とその問題点については、以下を参照されたい。Diane Ravitch. *Reign of Error: The Hoax of the Privatization Movement and the Danger to America's Public Schools*. New York: Knopf, 2013. ダイアン・ラビッチ著、末藤美津子訳『アメリカ 間違いがまかり通っている時代―公立学校の企業型改革への批判と解決法』東信堂、２０１５年。

（18）Dennison J. MacKinnon. Afterword. In Simon Davidson and Steven Carber (eds) *Taking the PYP Forward*. John Catt Educational Ltd., 2012, 164.

第5章

（1） Jay Mathews and Ian Hill. *Super Test: How International Baccalaureate can Strengthen Our Schols.* Chicao: Open Court, 2005, 123.
（2） Mary Hayden and Jeff Thompson. The Middle Years Programme. In Mary Hayden and Jeff Thompson (eds) *Taking the MYP Forward.* John Catt Educational Ltd., 2011, 13.
（3） Maurice Carder. Language(s) in International Education: A Review of Language Issues in International Schools. In Tove Skutnabb-Kangas (ed) *Multilingualism for All.* Lissa, Netherlands: Swets & Zeitlinger E. V., 1995, 124.
（4） Gerard Renaud. The International Schools Association (ISA): historical and philosophical background. In Patricia L. Jonietz and Duncan Harris (eds) *International Schools and International Education.* London: Kogan Page, 1991, 7.
（5） *Ibid*, 9.
（6） *Ibid*, 10.
（7） *Ibid*. 10.
（8） *Ibid*, 12.
（9） *Ibid*, 13.
（10） Éanna O'Boyle. Creativity and the MYP. In Mary Hayden and Jeff Thomson (eds) *Taking the MYP Forward.* John Cat Educational Ltd., 2011, 85.

第6章

（1） Karolyn J. Snyder, Michele Acker-Hocevar and Kristen M. Snyder. Living on the Edge of Chaos: Leading Schools into the Global Age, Second Edition Hardcover. ASQ Quality Press, 2008, 9.
Karolyn J. Snyder, Michele Acker-Hocevar, Kristen Snyder. Living on the Edge of Chaos: Leading Schools into the Global Age. Amer Society for Quality, 1999, ??.
（2） Tristan Bunnell. *Global Deucation under Attack: International Baccalaureate in America.* Frankfurt am Main: Peter Lang, 2012, 22.
（3） 国際バカロレア・ディプロマプログラムにおける『ＴＯＫ』に関する調査研究協力者会議「国際バカロレア・ディプロマプログラム Theory of Knowledge (TOK) について」（２０１２年８月）

（4）文部科学省ホームページ「国際バカロレアの趣旨を踏まえた教育の推進」http://www.mext.go.jp/a_menu/shotou/kyoiku_kenkyu/index.htm?utm_medium=twitter
（5）国際バカロレア・ディプロマプログラムにおける『ＴＯＫ』に関する調査研究協力者会議「国際バカロレア・ディプロマプログラム Theory of Knowledge (TOK) について」（２０１２年８月）
（6）Robert Blackburn. International Baccalaureate: a curriculum at upper second level and a university entrance examination. In Patricia L. Jonietz and Duncan Harris (eds) *International Schools and International Education*. London: Kogan Page. 1991, 20.
（7）国際バカロレア機構アジア・太平洋地区理事、坪谷郁子、『日本経済新聞』２０１３年７月、29日付け
（8）Elisabeth Fox. International Schools and International Baccalaureate. *Harvard Educational Review*, Vol.55, No.1, February 1985, 59.
（9）Nick Alchin. The Identity of the IB Diploma Programme core. In Mary Hayden and Jeff Thompson (eds) *Taking the IB Diploma Programme Forward*. John Catt Educational Ltd., 2011, 30.
（10）Gérard Renaud. *Experimental period of International Baccalaureate: objectives and results*. Paris: UNESCO Press, 1974, 35.
（11）*Ibid*.
（12）*Ibid*, 38.
（13）In Elisabeth Fox. International Schools and International Baccalaureate. *Harvard Educational Review*, Vol.55, No.1, February 1985, 60.
（14）現在の「国際バカロレア」の公式ホームページ「ＩＢからの回答」、問：ＣＡＳはなぜあるのですか。なぜＩＢディプロマ・プログラムの一部になっているのですか。https://ibanswers.ibo.org/app/answers/detail/a_id/4327/~/where-does-cas-come-from%3F-why-is-it-part-of-the-ib-diploma-programme%3F
（15）現在の「国際バカロレア」の公式ホームページ「ＩＢからの回答」、問：ＣＡＳはなぜあるのですか。なぜＩＢディプロマ・プログラムの一部になっているのですか。https://ibanswers.ibo.org/app/answers/detail/a_id/4327/~/where-does-cas-come-from%3F-why-is-it-part-of-the-ib-diploma-programme%3F

おわりに

（1）ＮＨＫスペシャル取材班『釜石の奇跡―どんな防災教育が子どもの〝いのち〟を救えるのか？』イースト・プレス、２０１５年、１３９ページ。

（2）同、第1章。
（3）同、157ページ。
（4）同、245ページ。

国際バカロレアと
これからの大学入試改革
知を創造するアクティブ・ラーニング

2015年12月1日　第1版第1刷　発行

著者　福田誠治

発行所　株式会社亜紀書房
郵便番号101-0051
東京都千代田区神田神保町1-32
電話……(03)5280-0261
http://www.akishobo.com
振替　00100-9-144037

印刷　株式会社トライ
http://www.try-sky.com

装丁　日下 充典

ISBN978-4-7505-1460-4 C0037